——李东东讲传统谈新闻

李东东◎著

人民出版社

书名题字：苏士澍
责任编辑：雷坤宁
封面设计：林芝玉
版式设计：石笑梦

图书在版编目（CIP）数据

红蓝韵：李东东讲传统谈新闻 / 李东东 著 . — 北京：人民出版社，2017.2
ISBN 978 - 7 - 01 - 017166 - 1

I. ①红⋯ II. ①李⋯ III. ①新闻工作 - 方针政策 - 中国 IV. ① G219.20

中国版本图书馆 CIP 数据核字（2016）第 304611 号

红蓝韵：李东东讲传统谈新闻
HONGLANYUN LIDONGDONG JIANG CHUANTONG TAN XINWEN

李东东 著

人民出版社 出版发行
（100706 北京市东城区隆福寺街 99 号）

北京盛通印刷股份有限公司印刷 新华书店经销

2017 年 2 月第 1 版 2017 年 2 月北京第 1 次印刷
开本：710 毫米 ×1000 毫米 1/16 印张：17
字数：189 千字

ISBN 978 - 7 - 01 - 017166 - 1 定价：68.00 元

邮购地址 100706 北京市东城区隆福寺街 99 号
人民东方图书销售中心 电话：（010）65250042 65289539

为东东同志讲传统谈新闻题

弘扬红色传统

做好新闻工作

迟浩田

二〇一二年三月一日

紅藍

出版前言

为继承和弘扬党的新闻事业优良传统，追寻革命前辈的足迹，切实承担起在新的时代条件下党的新闻舆论工作的职责和使命，我社出版了李东东同志编著的《红蓝文稿》（全四册），分别为：《岁月痕——留影父母李庄赵培蓝》《山河笔——李庄朝鲜战地日记》《红蓝韵——李东东讲传统谈新闻》《风云辑——李东东新闻作品选》。

这四本著作，从“一声炮响上太行”到“红笔蓝笔两从容”，回顾了老一辈优秀新闻工作者的战斗和工作经历；从《走在民主朝鲜的土地上》到《被人们欢呼“万岁”的部队》，再现了我国首位赴朝鲜战场采访的新闻记者逐日记载的战地情景；从《真实，不能触碰的新闻底线》到《有志于使新闻工作留名青史》，阐述了党的新闻事业优良传统和多位优秀新闻工作者的新闻实践事例；从新闻通讯、新闻评论到新闻史料归集，记录了改革开放伟大历史进程中的风云点滴。四本著作，深情讲述了在烽火连天的革命岁月，在热火朝天的建设年代，在波澜壮阔的改革时期，一家两代新闻工作者将个人命运与党和国家命运紧密结合；深入展现了优秀新闻工作者在建立新中国、建设新中国、探索改革路、实现中国梦的伟大实践中的忠诚执着和孜孜以求。

书中一以贯之体现了党中央对新闻舆论工作的高度重视；体现了在革命建设改革各个历史时期，新闻战线与党和人民同呼吸、与时代共进步，积极

紅藍

宣传马克思主义真理、积极宣传党的主张、深入反映群众呼声、主动开展决策调研，发挥了十分重要的作用；体现了优秀新闻工作者对党和人民的无限忠诚，对祖国的无比热爱，对新闻事业的无私奉献。

2016年2月19日，习近平总书记在北京主持召开党的新闻舆论工作座谈会并发表重要讲话时强调："党的新闻舆论工作是党的一项重要工作，是治国理政、定国安邦的大事，要适应国内外形势发展，从党的工作全局出发把握定位，坚持党的领导，坚持正确政治方向，坚持以人民为中心的工作导向，尊重新闻传播规律，创新方法手段，切实提高党的新闻舆论传播力、引导力、影响力、公信力。""做好党的新闻舆论工作，事关旗帜和道路，事关贯彻落实党的理论和路线方针政策，事关顺利推进党和国家各项事业，事关全党全国各族人民凝聚力和向心力，事关党和国家前途命运。必须从党的工作全局出发把握党的新闻舆论工作，做到思想上高度重视、工作上精准有力。"

这本《红蓝韵——李东东讲传统谈新闻》，收录了作者时任新闻出版总署副署长期间，率中央督导组深入重庆、四川等地，检查指导"杜绝虚假报道、增强社会责任、加强新闻职业道德建设"专项教育开展情况，并赴河北、辽宁、上海、浙江、安徽、海南、重庆、陕西等地新闻单位和部分高等院校，讲党的新闻工作优良传统，谈新闻工作者历史使命，尤其是针对新时期新阶段，在社会环境深刻变化、媒体格局走向多元的态势下，新闻工作者如何继承优良传统、增强社会责任、担当历史使命的20篇文章。

20篇文章将马克思主义新闻观与新闻实践有

机结合，对党的新闻史上若干重大历史事件和新闻工作者的职业特征、职业素质、道德修养、从业要求进行了深入思考、全面分析、系统阐释。文章史论结合、谈古论今，观点新颖、案例生动，在新闻界引起强烈反响。同时，文章非常具有针对性和实用性，对新闻工作者提升政治素养、思想道德和新闻理论、新闻采写、新闻评论水平具有十分积极的促进作用。

2011 年 2 月至 6 月，人民网开辟了“李东东讲传统谈新闻”专栏，陆续刊发了这批文章的主要内容。文章编纂收入本书时，作者提供了大量的珍贵历史文献，使得本书图文并茂，在纵向和横向两个维度上进一步延伸了深度和广度。

期望通过本书的出版，加强与新闻工作者在思想政治、道德修养、理论知识和新闻业务等方面的交流切磋，为实现广大新闻工作者做党的政策主张的传播者、时代风云的记录者、社会进步的推动者、公平正义的守望者聊尽绵薄之力，在实现“两个一百年”奋斗目标、实现中华民族伟大复兴中国梦的新征程上，不忘初心，继续前进。

2018 年 7 月 1 日是李庄同志诞辰 100 周年纪念日，我们和本书作者一道，谨此深切缅怀当代著名新闻工作者、新中国新闻事业的开拓者、党的新闻宣传战线的优秀领导干部李庄同志。

编者

2017 年 1 月

目录

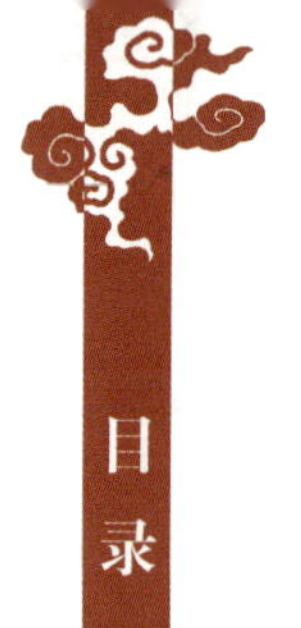

目录

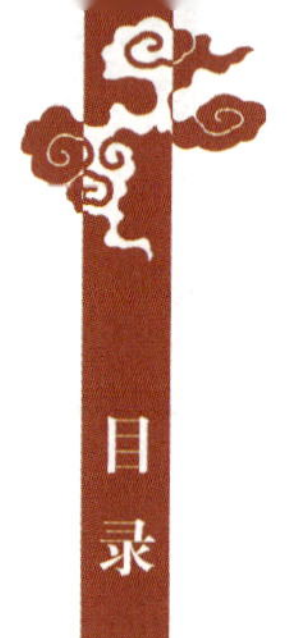

目录

紅藍

李东东“讲传统谈新闻”专栏

开栏的话：

真实，是新闻的生命，是新闻工作之“魂”。然而，在实际工作中，虚假报道现象时有发生。目前，按照中央要求，全国新闻界正在开展“杜绝虚假报道、增强社会责任、加强新闻职业道德建设”专项教育。国家新闻出版总署副署长李东东近期率中央督导组深入四川、重庆等地，检查指导专项教育开展情况，并多次赴上海、浙江、安徽、陕西、河北、辽宁等地新闻单位和部分高等院校，讲党的新闻工作优良传统，谈新闻工作者历史使命，尤其是针对新时期新阶段，在社会环境深刻变化、媒体格局走向多元的态势下，新闻工作者如何继承优良传统、增强社会责任、担当历史使命，进行了深入思考、全面分析、系统阐释，史论结合、谈古论今，观点新颖、案例生动，针对性、实用性很强，在新闻界引起强烈反响。为此，人民网从 2011 年 2 月 22 日起开辟“李东东讲传统谈新闻”专栏，陆续刊发其主要观点、案例与思考，对于提升新闻工作者的政治素质、业务素养，进行思想和业务交流，相信将起到积极作用。

人民网

2011 年 2 月 22 日

李东东“讲传统谈新闻”专栏❶

真实，不能触碰的新闻底线

中国共产党今年建立90年了，党的新闻事业应该说是早于建党的，是在早期进行共产主义宣传之际就开始了，可以说已经有近百年历史了。回顾一下从陈独秀、李大钊等宣传共产主义思想，筹备中国共产党成立的过程中，先驱者无一没有办报、办刊的经历。1915年陈独秀创办并主编了《青年杂志》，一年后更名为大家都很熟悉的《新青年》。李大钊是1916年开始办杂志，先是办《晨钟报》，后来和陈独秀一同办《新青年》。毛泽东1919年办《湘江评论》，周恩来1914年办《敬业》，1920年办《觉悟》。

党的新闻事业的历史将近百年，中国共产党成立到今年是90年，取得全国政权执政的时间也有61年多了。党的新闻事业是在一代一代新闻工作者手中发展的，前赴后继有了今天这样一个很好的局面。而新闻不真实，无论从哪个角度说，都不是我们党的新闻事业的优良传统，恰恰相反，说明我们工作中出了问题。回顾六十多年前，在夺取政权的过程中，揭露和打击虚假新闻，倒是我们同国民党反动派斗争的重要内容。

解放战争时期，在重庆这片热土上，我们和国民党反动派短兵相接进行政治斗争和意识形态斗争，重庆《新华日报》在周恩来同志领导下，是怎么跟国民党斗争的呢？我们拿到国民党反动派主管的报刊里的假新闻，就揭露批判他是造谣、诬蔑，由此推导他的报刊和通讯社，推导他的宣传机构是谣言制造工具，像戈培尔一样。大家都知道戈培尔是纳粹的宣传部长，是典型的造假、维护纳粹的，所谓造就了希特勒的那个造假宣传部长。我们由假新闻来质疑刊登它的新闻媒体的公信力，进而质疑兴办这些新闻媒体的政权。

我找到了陆定一同志 1946 年 1 月 11 日在《新华日报》发表的文章:《报纸应革除专制主义者不许人民说话和造谣欺骗人民的歪风》。其中就指出:“戈培尔的原则，就是把所有报纸、杂志、广播、电影等完全统制起来，一致造谣，使人民目中所见，耳中所闻，全是法西斯的谣言，毫无例外。到了戈培尔手里，报纸发生了与其原意相反的变化，谣言代替了真实的消息，人民看了这种报纸，不但不会聪明起来，而且反会越来越糊涂。”文章还指出:“一种是人民大众的报纸，告诉人民以真实的消息，启发人民民主的思想，叫人民聪明起来。另一种是新专制主义者的报纸，告诉人民以谣言，闭塞人民的思想，使人民变得愚蠢。前者，对于社会，对于国家民族，是有好处的，没有它，所谓文明，是不能设想的。后者，则与此相反，它对于社会，对于人类，对于国家民族，是一种毒药，是杀人不见血的钢刀。（其）记者，是专为专制主义者服务的，其任务就是造谣、造谣、再造谣。”这就是当年和国民党反动派的斗争，我们揭露他的虚假新闻、造谣诬蔑，进而质疑他的媒体是谣言制造机器，进而质疑媒体背后的虚伪、腐朽的政权。我们就

与年轻的新闻工作者在一起。

是这样号召人民不相信他，不需要他，最后人民抛弃他。

我在前年访问俄罗斯的时候，俄罗斯出版与大众传媒署的一位官员，在陪着我们从一个场合赶到另一个场合的时候，就在莫斯科河的一个桥上，车速降了下来。他主动跟我们说，请代表团留意一下，压慢了速度的地方，就是1991年8月19日那天，在这个桥头，一辆坦克上，叶利钦发表了演讲。而当时没有一个苏联共产党员站出来反对他的演讲，苏联的群众也就是老百姓，也没有一个人站出来维护苏联共产党。苏联共产党被自己的党员抛弃了，被人民抛弃了。当然，苏联解体的原因是复杂的，其结果，表现在人民不相信执政党，抛弃了执政党。

我们可以设想，在中国共产党为人民谋利益、执政六十多年的新的历史时期，无论是外部还是内部的敌对势力，用武装斗争、武装抗衡来争夺天下，恐怕不现实了。但是还有另一方面，枪杆子之外的笔杆子，思想文化战线。在综合国力中，一切经济和军事的手

段最终必须通过人的掌握运用才能发挥作用，而人是受到文化等因素深刻影响的社会主体。所以我们说，文化的功能在于通过对人的塑造和影响来增强或者涣散一个民族的凝聚力，从而最终影响综合国力的实现，所谓最终拼的是文化。我们的宣传思想文化工作，无论是理论武装、新闻宣传、社会宣传、文学艺术及精神文明建设等等方面的工作，无非就是为了凝聚人心，提高素质。不折腾，不再出现“文化大革命”，把人民凝聚起来，一心一意搞建设、谋发展，全面建设小康社会。

在这样一个进程中，新闻媒体作为整个意识形态战线非常重要的一支力量，在建党 90 年、执政 60 年、改革开放 30 年这样一个很好的经济基础、政治环境、社会环境之下，应当能够更好地承担起我们的政治责任、社会责任和历史使命，更不应该发生虚假新闻这样触碰底线的事情。如果说，有时个别的地方没有把握好，没有

与一线记者交谈，了解报社与群众热线沟通情况。

判断好，有些报道在反映民意、传达党委政府声音等方面，由于水平和把握有一些偏差，这都是可以允许的，或说难以避免的。人无完人，不可能不允许犯错误。但是像新闻真实性这样触碰底线的事情就不应该发生了。如果我们二十多万领取记者证的新闻工作者，都能够比我们的前人、比一代一代党的新闻工作者做得更好一些，或者起码能够遵循他们的优良的工作传统、继承他们的道德精神去努力、去实践，我想这种杜绝虚假新闻的教育活动，但愿是第一次，也是最后一次。

（原载人民网 2011 年 2 月 22 日）

李东东“讲传统谈新闻”专栏②

反“客里空”运动——党的新闻事业史上首次反对虚假报道

在党的新闻事业史上，局部出现失实的现象有过。比如，1947 年土改的时候，在晋绥边区曾有过一次反“客里空”运动，但是那次是局部的，没有形成像今天这样整个新闻战线来反对虚假新闻的现象。

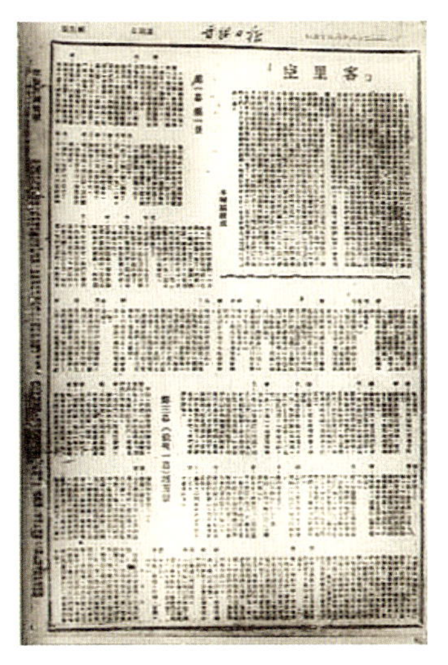

1947 年 6 月 15 日《晋绥日报》刊登话剧《前线》相关情节的版面

客里空，是一个人的名字。苏联卫国战争时一位作家创作了一个话剧叫《前线》，剧中有一个军事特派记者，名字翻译过来叫“客里空”。客里空在采访的时候，不是深入到战士中间去了解情况，而是整天待在指挥部里，捕风捉影，编造新闻，后来新闻界就把新闻失实现象称为“客里空现象”。

党的新闻工作中出现新闻失实现象的时候，大体上都通过积

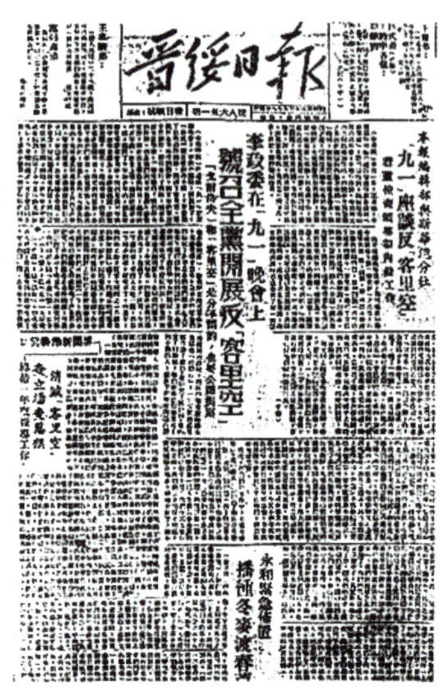

《晋绥日报》关于开展反“客里空”运动的版面

极的教育整顿，得以纠正。反“客里空”是在土改的时候进行的。当时因为工作有了一些成绩，所以产生了骄傲自满情绪。另外运动在初期实际工作中出现了右的倾向，后来纠右，局部地方又出现了“左”，等等。这个时候新闻宣传跟着出现了一些情况，出现了失实报道。1947 年 6 月，《晋绥日报》开始认真检查了新闻报道，也就是说在当时的部分根据地的新闻战线，认真进行了反“客里空”运动。今天回看当年做的事，就是我们党在夺取政权的过程中，新闻工作局部发生失误的时候所做的治理整顿吧。

我查了一下有关资料，在夺取政权的过程中，中国共产党的新闻事业绝不能允许出现虚假新闻。在 1947 年反“客里空”的时候，通过运动，通过教育，通过制度，通过纠正，党报做到了对几个关键环节的重视和调整：

首先，是要稳固和坚持党性，并将其传达出去。坚持端正党的立场，所以首先要纠正党组织在工作中的右倾错误，对整个土改运动有更加深刻而全面的认识。走群众路线，在坚实的群众基础上保持党的思想的正确指导性。如在《人民日报》1948 年 11 月 2 日一版的《太原、冀鲁豫、北岳区党委纠正左中右倾错误》，以及同时组合配发的新华社社论《在结束土地改革的地方纠左必须防右》，

这说明作为党报的领导者，党首先要对自己思想上的偏失进行修正，党报必须要有党的正确领导，只有在这样的前提下，党报才能有党的立场，用党的思维立场来思考现实问题。“党的正确领导是保障革命胜利的基本前提，因此党报必须全心全意着眼于党的方针政策，成为党号召、组织群众的关键一环。”

其次，规范组织，保障组织成员向组织目标努力。所以在运动中出现了作为组织成员的编者作者的自我检讨，更出现了把肃清“客里空”与检查端正领导作风结合起来。如9月18日起《晋绥日报》连续4天发表《关于“客里空”的检查》，将检查的重点指向了报社领导人员，要求肃清组织内的“戈尔洛夫”，规范组织内部成员，确保了党报在这一时期发挥的积极作用，在这一规范过程中，重视群众的监督作用，通过读者来信揭露失实报道的方式，是当时党报进行有效批评与自我批评的重要手段。党报“加强与读者的互动，积极开展批评，它要办给人民群众看，表达他们的呼声和意愿，成为交换意见、展开批评、监督社会的平台”。

再次，从新闻事业角度看，重申严肃贯彻新闻真实性原则。新闻要用事实说话，事实中要代表百姓的所思所想。只有如此，党报才能反映群众心声，有比较普遍

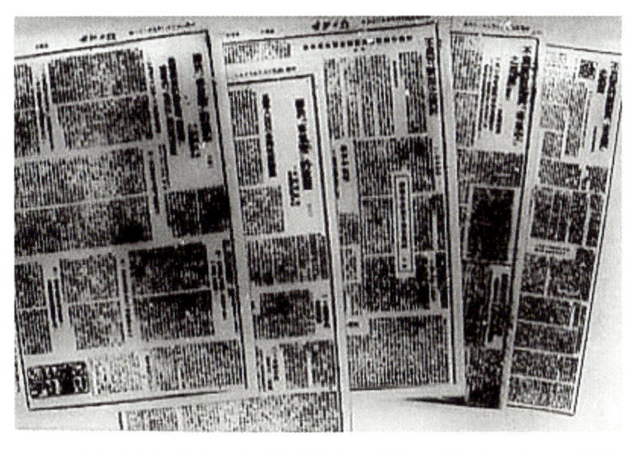

《晋绥日报》以《不真实新闻与客里空》为题连续曝光失实报道的版面

的群众基础，真正实现“群众办报”，让新闻报道深入到群众中去。

那么运动的结果呢？反“客里空”运动是由党报发起的反对弄虚作假的作风、坚持新闻真实性的运动。在解放战争这一特殊的历史情景中，这次运动具有普遍影响，达到了这样的目的：

首先，党报在新闻实践中确立和维护了新闻真实性原则。真实是新闻的生命，只有保证了新闻的真实，群众才能对报纸刊登的内容产生信任，党报才能真正做到服务于群众，在群众中建立良好的形象。这场运动以新闻失实为重点打击对象，从政治上、思想上和专业上，查究了新闻失实的原因，并在此基础上做到了思想和行为的端正和调整，是维护新闻真实性的一次胜利。

其次，形成了群众监督的风气，落实了群众办报的思想。在这场运动中，党报十分重视群众作用，从根据群众不满反省自身工作，再到改进工作中发挥群众对报纸的监督作用。注重读者来信，发动群众揭露虚假报道，发展通讯员队伍等，这些行动是党的群众办报思想落实到新闻实践中的具体体现，“在任何地方、任何时候，都要和群众密切联系，而且不断地巩固扩大这种联系”。

最后，这是一次新闻界的自我教育。克服了土改宣传中右的倾向，改造了新闻工作者的立场与作风。这场运动，归根结底是对“人”的教育。党报工作者因为其特殊的身份和作用，必须成为党联系群众的纽带，所以他们的思想行动，必须与党的思想行动保持高度的一致，根据党工作的需要不断调整和改进自身的行为，这在任何时期，都是党报工作者必须坚持和贯彻的。

这就是64年前党的新闻事业在局部地区出现了虚假失实报道的时候，在部分根据地进行的反对“客里空”的运动。

今天，在21世纪第二个十年之初，新闻事业极大地发展了，媒体形态多元，从业人员众多，已经是百万新闻大军，其中近22万人领取了新闻记者证。我们应当认真担负起教育培训这支队伍的责任，坚持不懈致力于提高队伍素质。面对新时期新任务，忠诚履行新闻工作者职责，承担起社会责任和历史使命，就更应该是义不容辞的，而且应该是超过前人的。

（原载人民网2011年2月23日）

相关链接

对晋绥日报编辑人员的谈话

◎ 毛泽东（1948 年 4 月 2 日）

我们的政策，不光要使领导者知道，干部知道，还要使广大的群众知道。有关政策的问题，一般地都应当在党的报纸上或者刊物上进行宣传。我们正在进行土地制度的改革。有关土地改革的各项政策，都应当在报上发表，在电台广播，使广大群众都能知道。群众知道了真理，有了共同的目的，就会齐心来做。这和打仗一样，要打好仗，不光要干部齐心，还要战士齐心。陕北的部队经过整训诉苦以后，战士们的觉悟提高了，明了了为什么打仗，怎样打法，个个磨拳擦掌，士气很高，一出马就打了胜仗。群众齐心了，一切事情就好办了。马克思列宁主义的基本原则，就是要使群众认识自己的利益，并且团结起来，为自己的利益而奋斗。报纸的作用和力量，就在它能使党的纲领路线，方针政策，工作任务和工作方法，最迅速最广泛地同群众见面。

在我们一些地方的领导机关中，有的人认为，党的政策只要领导人知道就行，不需要让群众知道。这是我们的有些工作不能做好的基本原因之一。我党二十几年来，天天做群众工作，近十几年

来，天天讲群众路线。我们历来主张革命要依靠人民群众，大家动手，反对只依靠少数人发号施令。但是在有些同志的工作中间，群众路线仍然不能贯彻，他们还是只靠少数人冷冷清清地做工作。其原因之一，就是他们做一件事情，总不愿意向被领导的人讲清楚，不懂得发挥被领导者的积极性和创造力。他们主观上也要大家动手动脚去做，但是不让大家知道要做的是怎么一回事，应当怎样做法，这样，大家怎么能动起来，事情怎么能够办好？要解决这个问题，根本上当然要从思想上进行群众路线的教育，同时也要教给同志们许多具体办法。办法之一，就是要充分地利用报纸。办好报纸，把报纸办得引人入胜，在报纸上正确地宣传党的方针政策，通过报纸加强党和群众的联系，这是党的工作中的一项不可小看的、有重大原则意义的问题。

同志们是办报的。你们的工作，就是教育群众，让群众知道自己的利益，自己的任务，和党的方针政策。办报和办别的事一样，都要认真地办，才能办好，才能有生气。我们的报纸也要靠大家来办，靠全体人民群众来办，靠全党来办，而不能只靠少数人关起门来办。我们的报上天天讲群众路线，可是报社自己的工作却往往没有实行群众路线。例如，报上常有错字，就是因为没有把消灭错字认真地当做一件事情来办。如果采取群众路线的方法，报上有了错字，就把全报社的人员集合起来，不讲别的，专讲这件事，讲清楚错误的情况，发生错误的原因，消灭错误的办法，要大家认真注意。这样讲上三次五次，一定能使错误得到纠正。小事如此，大事也是如此。

善于把党的政策变为群众的行动，善于使我们的每一个运动，

每一个斗争，不但领导干部懂得，而且广大的群众都能懂得，都能掌握，这是一项马克思列宁主义的领导艺术。我们的工作犯不犯错误，其界限也在这里。当着群众还不觉悟的时候，我们要进攻，那是冒险主义。群众不愿干的事，我们硬要领导他们去干，其结果必然失败。当着群众要求前进的时候，我们不前进，那是右倾机会主义。陈独秀机会主义的错误，就是落后于群众的觉悟程度，不能领导群众前进，而且反对群众前进。这些问题有许多同志还不懂得。我们的报纸要好好地宣传这些观点，使大家都能明白。

报纸工作人员为了教育群众，首先要向群众学习。同志们都是知识分子。知识分子往往不懂事，对于实际事物往往没有经历，或者经历很少。你们对于一九三三年制订的《怎样分析农村阶级》的小册子，还看不大懂；这一点，农民比你们强，只要给他们一说就都懂得了。崞县两个区的农民一百八十多人，开了五天会，解决了分配土地中的许多问题。假如你们的编辑部来讨论那些问题，恐怕两个星期也解决不了。原因很简单，那些问题你们不懂得。要使不懂得变成懂得，就要去做去看，这就是学习。报社的同志应当轮流出去参加一个时期的群众工作，参加一个时期的土地改革工作，这是很必要的。在没有出去参加群众工作的时候，也应当多听多看关于群众运动的材料，并且下工夫研究这些材料。我们练兵的口号是："官教兵，兵教官，兵教兵。"战士们有很多打仗的实际经验。当官的要向战士学习，把别人的经验变成自己的，他的本领就大了。报社的同志也要经常向下边反映上来的材料学习，慢慢地使自己的实际知识丰富起来，使自己成为有经验的人。这样，你们的工作才能够做好，你们才能担负起教育群众的任务。

《晋绥日报》在去年六月的地委书记会议以后，有很大进步。内容丰富，尖锐泼辣，有朝气，反映了伟大的群众斗争，为群众讲了话。我很愿意看它。但是从今年一月开始纠正“左”的偏向以后的这一时期，你们的报纸却有点泄气的样子，不够明确，不够泼辣，材料也少了，使人不大想看。你们现在正在检查工作，总结经验，这样很好。总结了反右反“左”的经验，使头脑清醒起来，你们的工作就会有改进。

《晋绥日报》在去年六月以后进行的反对右倾的斗争，是完全正确的。在反右倾的斗争中，你们作得很认真，充分地反映了群众运动的实际情况。对于你们认为错误的观点和材料，你们采用编者按语的形式加以批注。你们的批注后来也有缺点，但是那种认真的精神是好的。你们的缺点主要是把弓弦拉得太紧了。拉得太紧，弓弦就会断。古人说：“文武之道，一张一弛。”① 现在“弛”一下，同志们会清醒起来。过去的工作有成绩，但也有缺点，主要是“左”的偏向。现在作一次全面的总结，纠正了“左”的偏向，就会做出更大的成绩来。

在我们纠正偏差的时候，有的人把过去的工作看得毫无成绩，认为完全错了。这是不对的。这些人没有看到，党领导了那么多的农民得到土地，打倒了封建主义，整顿了党的组织，改进了干部的作风，现在又纠正了“左”的偏向，教育了干部和群众。这不是很大的成绩吗？对于我们的工作，对于群众的事业，应当采取分析的

① 参见《礼记·杂记下》。原文是：“张而不弛，文武弗能也。弛而不张，文武弗为也。一张一弛，文武之道也。”文武，指周文王、周武王。

态度，不应当否定一切。过去发生“左”的偏向，是因为大家没有经验。没有经验，就难免要犯错误。从没有经验到有经验，要有一个过程。去年六月到现在的短短时期内，经过反右和反“左”的斗争，使大家都知道了反右、反“左”是怎么一回事。没有这样一个过程，大家是不会知道的。

经过检查工作、总结经验以后，我相信，你们的报纸会办得更好。应当保持你们报纸的过去的优点，要尖锐、泼辣、鲜明，要认真地办。我们必须坚持真理，而真理必须旗帜鲜明。我们共产党人从来认为隐瞒自己的观点是可耻的。我们党所办的报纸，我们党所进行的一切宣传工作，都应当是生动的，鲜明的，尖锐的，毫不吞吞吐吐。这是我们革命无产阶级应有的战斗风格。我们要教育人民认识真理，要动员人民起来为解放自己而斗争，就需要这种战斗的风格。用钝刀子割肉，是半天也割不出血来的。

（原载《毛泽东选集》第四卷，人民出版社 1991 年版）

锻炼我们的立场与作风

——学习《晋绥日报》检查工作

◎ 新华总社编辑部 （1947 年 8 月 28 日）

人民的新闻事业区别于反动阶级新闻事业的主要标志是立场与作风。我们的立场是为人民服务，首先为占人口最大多数的工农兵服务。我们的作风是求真实，就是以事情的真实情形告诉人民；是求精深，就是我们的新闻与评论必须写得好，经过调查研究分析能够为人民解释问题与解决问题。这种立场与这种作风，两者是不能分离的。这样的立场，这样的作风，是我们向来所提倡的。

经过抗日战争和两年来争取和平民主的斗争，人民的新闻事业已发展成为一支强大的军队，它是人民解放运动中一个有力的思想战斗武器，它的发行最大量，影响最普遍，反映最迅速，因此与人民联系最密切。这一支军队必须练好，才能有效地为人民服务。在目前国内战争阶段与土地改革大运动中，更须加强这一武器，帮助人民战胜敌人。过去各解放区都曾作过一些改进新闻军的工作，而且也有若干成绩，但是如像《晋绥日报》六月下旬开始的这样公开地、群众性地检查工作，则没有做过。所以《晋绥日报》这次的反对“客里空”运动，在人民新闻事业建设过程中是有历史意义的。

而且不但对晋绥一地有意义，对其他解放区同样有意义。

根据《晋绥日报》此次初步检查结果，一方面发现了新闻报道及新闻工作其他环节中有严重的不负责任、不实际的“客里空”作风，同时更加值得注意的，是发现了新闻工作中的阶级立场问题，这是晋绥土地改革中一大收获。过去，我们新闻工作中，也曾不断进行过立场教育，而且也已收到极明显的效果，但一般地说，这主要的是关于在反帝与反大地主大资产阶级的斗争中的立场问题。在土地问题上，农民与地主关系中的立场问题则较少具体注意，这是因为过去土地问题还限于减租减息没有深入到普遍的平分土地。另一方面，所以有这种现象，当然还与我们新闻军的成员的阶级出身有关，绝大部分由小资产阶级知识分子组成的新闻军，在反帝、反大地主大资产阶级的斗争中，立场很容易鲜明，而在农民与地主关系中，却有一部分立场会模糊，这是因为小资产阶级知识分子大半与土地有关。记者艾柏把“地主”说成“中农”，并强迫群众退还斗争果实，这一事实需要我们大加警惕，对于这种人应有愤慨，大家努力把我们新闻军的立场锻炼提高一步。

《晋绥日报》又检查出来像下列的相当严重的现象，即是写作上凭空制造“英雄模范”，采访上的道听途说，捕风捉影，编辑工作中的毫无根据任意删改，译电校对等工作中的马马虎虎等等。这种不认真不精致的作风是极坏的作风。产生这种坏作风的思想根源，由于有些同志还在兢兢于个人名誉地位权力待遇兴趣等所谓“个人成就”的打算，还不能全心全意脚踏实地地为人民工作。另外一个根源是旧习惯。新闻军里革命的小资产阶级知识分子中，有一些人还带来了没落的封建阶级那种自高懒惰清谈，苟且敷衍于人

民事业，应付旁观缺乏热情，这种没落的没有前途的个人主义思想与陈腐的习惯，对于人民新闻事业造成了而且造成着不断的损失，需要我们坚决起来与之作不调和的斗争。

上面这些坏现象，一般地说，虽在我们新闻军中已不占统治地位，但仍大有害于人民事业的。我们全体新闻工作同志必须认识，如果我们不下决心改正这些缺点，我们就会下降，就会退化，换句话说，就脱离人民。

那么怎样来进行改造呢?《晋绥日报》已经提供了初步的正确的方法，就是公开地，群众性地，彻底地进行检查以后，凡是做得好的单位部门及个人应受到公开的表扬，做得坏的应受到公开的批评指责，而且应以群众力量督促其非改正不可，认真改正了错误的同志应受到欢迎，我们应当很好地团结他们，对于那些坚持错误的，应当毫无保留地撤销他们的职务，直到他们愿意改正错误时才再任用他们。

也许有人以为这样会打击干部，其实这正是爱护干部，教育干部真正进步的最有效的方法。因为我们的新闻事业是属于人民的，而又是经常地公开地与人民相见的，我们队伍中有缺点，好像人的脸上有污点，是人所共见的，因此必须公开改正错误才能保持人民新闻事业及其干部在人民中的威信。有了公开错误不能公开改正，就不会有真正威信，有了公开错误能够公开改正，就仍然会有威信。

各解放区的新闻工作单位部门及个人，均应普遍在公开的群众性的方式下，彻底检查自己的立场与作风，要由此开展一个普遍的学习运动。有些人很强调技术学习，他们就必须知道，只有在正确

的立场与作风基础之上，技术对于人民才有意义。阶级立场是一切之本，立场正确了，作风才会真正正派起来，才能有认真负责的态度，不至于马虎从事，敷衍塞责，也才能力求精致细心分析，不至于人云亦云，自满于一知半解。只有这样，才能经常坚决地清醒地研究敌人，判断敌人，不致被敌人虚声骇倒与欺骗蒙蔽；也只有这样，才能对我们自己的成绩既不抹煞也不夸大，更不易为假成绩所迷惑；也只有这样，才能有真正的勇敢来正视我们自己的缺点，不致麻木不仁，熟视无睹，更不致粉饰太平，包庇缺陷。

我们的党已经是中国人民一切希望所寄托，已经有力量决定中国政局的大党，在国际上已有很高的威信，中国已经有一万万三千万人民获得解放，作为中国党与人民耳目喉舌的人民新闻事业及其工作人员，应以此为标准来进行自己的改造。

（原载《晋绥日报》1947年9月11日）

对华北记者团的谈话*

◎ 刘少奇 （1948 年 10 月 2 日）

同志们：

很久以前，就想和你们做新闻工作的同志们谈一次话，我过去只和新华社同志谈过，和多数同志没谈过。谈到办报，我是外行，没办过报，没写过通讯，只是看过报，因此，你们工作中的甘苦我了解得不真切。但是，作为一个读者，我可以向你们提点要求。你们写东西是为了给人家看的，你们是为读者服务的。看报的人说好，你们的工作就是做好了。看报的人从你们那里得到材料，得到经验，得到教训，得到指导，你们的工作就是做好了。

报纸办得好，就能引导人民向好的方面走，引导人民前进，引导人民团结，引导人民走向真理。如果办得不好，就存在着很大的危险性，会散布落后的错误的东西，而且会导致人民分裂，导致他们互相磨擦。因此，新闻工作的影响是很大的。你们的工作做得

* 1948 年 9、10 月间，中共中央为了改进和加强新闻工作，在河北省平山县西柏坡村召集人民日报社、新华社华北总分社的部分记者进行学习。这个谈话是在这次学习的集会上发表的，通常称为“对华北记者团的谈话”。

好，就很好；做得不好，就要受历史的处罚。

新闻工作很重要，党很重视这个工作。党历来的文件、书刊都曾说明党报的重要性。《联共党史》说了党报的重要性，说明它组织和团结了群众，起了指导革命的作用，而且说它是“中心”。俄国在创立社会民主工党的时候，列宁认为，要首先搞清思想界限，宣传党应该如何建设，方针是什么，路线是什么，然后再来建党。原则问题没搞清楚，建党建不好。如何把原则性的问题搞清楚？办报，办全国性的报纸，使报纸起中心一环的作用。

我们党必须和广大群众保持密切的联系，如果和群众联系不好，就要发生危险，就会象安泰一样被人扼死。共产党也会被人扼死的哩！党什么也不怕，就怕这一项。美帝国主义，我们是从来不怕的，原子弹，我们也是不怕的。党的第一次全国代表大会，只有十二个代表，手无寸铁，就说要打倒帝国主义、打倒军阀。帝国主义，地主阶级，资产阶级，都不足怕。我们根据马列主义分析的结果，知道它们要死亡的，无产阶级硬是要发展的，这是历史的必然。所以，我们没有什么可怕的，这是从总的方面来说的。但是，我们就是怕脱离群众。因此，我们到处宣传这一点，每个共产党员都要宣传这一点，在任何地方、任何时候，都要和群众密切联系，而且不断地巩固扩大这种联系。现在，我们和群众是有联系的，但是还不够；要说已经联系得够了，工作做好了，那比一万美国军队还可怕，因为不再要求不断巩固扩大同群众的联系了。甚至有人说，老百姓算什么，有点官僚主义算什么！这就比一百万美国军队更可怕。

我们所说的和人民群众联系，主要是指和劳动人民的联系，而

且我们要不断地巩固和扩大这种联系，一天也不能中断，叫做时时刻刻保持和群众的联系。

这是讲联系群众的重要性。那末，怎样联系群众呢？怎样巩固与扩大这种联系呢？

列宁说，党要通过千百条线索和群众联系起来。是的，我们党要通过千百条线索和群众联系起来，而你们的工作、你们的事业，就是千百条线索中很重要的一条。报纸每天和群众见面，每天把党的政策告诉群众。军队是党联系群众的桥梁，人民代表会、合作社等也是党联系群众的桥梁。没有这些桥梁，党和人民群众的联系就断了，党和人民之间就有了鸿沟，因此必须有这些桥梁。千座桥，万条线，主要的一个就是报纸。

报纸要能够密切联系群众，那是很好的；但是，如果给群众以错误的东西，散布坏影响，散布错误的思想、错误的理论、错误的政策，把群众中的消极因素、落后因素、破坏因素鼓动起来，就要犯大的错误。因此，报纸工作如果做不好，就是最厉害的脱离群众，就会发生很危险的情况。

办报是联系群众很重要的工作，你们就是做这个工作的。

有的同志说，做新闻工作没有兴趣，没有味道，担心是不是有前途。很明白，这是不懂得你们工作的重要性，自己轻视自己。当然，除了新闻工作，还有别的重要工作，打仗、生产都是重要工作。不能这样讲，"只有我重要"。要了解，除开前方有军队打仗，后方有人办工厂，有人做党的工作等，还需要你们，这是必要的社会分工。

党是依靠你们的。党怎样领导人民呢？除了依靠军政机关、群

众团体领导人民之外，更多更频繁的是依靠报纸和通讯社。现在我们铁路不大通，邮政也不大通，和广大群众通点消息，就靠新华社、广播台了。中央就是依靠你们这个工具，联系群众，指导人民，指导各地党和政府的工作的。

人民也是依靠你们的。人民想和中央通通气，想和毛主席通通气，有所反映，有所要求，有所呼吁。许多人不会写字，邮路不通，电报不通，见毛主席很难见到。本来天天见面就好了，可是办不到。你们记者是要到各地去的，人民依靠你们把他们的呼声、要求、困难、经验以至我们工作中的错误反映上来，变成新闻、通讯，反映给各级党委，反映给中央，这就把党和群众联系起来了。

我们的报纸现在有几十种，将来全国会有几百种，如果能比较真实、全面、深刻地把群众的情绪、要求、意见反映出来，那不知会起多大的作用。你们要和群众生活在一起，了解他们真正的情绪和要求，看他们反对什么，拥护什么，要求什么，把这些东西反映出来。不相关的人看看也许就算了，相关的人就会好好注意，就得到了你们的帮助。我们要了解群众，向群众学习。不经过和群众有联系的干部，不经过人代会，不经过你们，就没有别的办法，那就危险得很。我们坐在这里，危险得很哩！搞错了没有？这是我们经常要考虑的问题。

党依靠你们的工作，指导群众，向群众学习。因此，你们做得好，对党对人民的帮助就大；做不好，帮助就不大；如做错，来个“客里空”，故意夸大，反映得不真实，就害死人了。因此，这是个很严肃的工作，一定要认真负责地从事你们的事业，要对党对人民有很大的责任心。搞“客里空”是会受处罚的。有些资产阶级的记

者是靠拍马屁吃饭的。在我们党内，有没有喜欢别人吹拍的戈尔洛夫呢？有的。你批评他，他不高兴，你给他吹吹拍拍，他高兴了。因此，“客里空”还有点地位，因为党内还有资产阶级影响，“客里空”还能靠这点残余吃饭。不过这不可靠，哪一天一说整党，就糟糕了，靠资产阶级影响得彩的“客里空”一下子就不行了，这是他们应该有的前途。不靠广大人民吃饭，不靠真理吃饭，你的事业就靠不住。如果你的事业建筑在人民利益与真理上面，那才是可靠的。这样，即使你批评了别人，吃了人家一顿骂，也不要怕。只要我们的工作建立在党的路线、方向上，即便一时不得彩，也不要怕，要能坚持，要有点硬劲，要有点斗争性，要象鲁迅那样有骨头，没有骨头，是硬不起来的。为了人民的事业，你们要经得起风霜，要经得起风浪，要受点锻炼，要学得经验。你们不受多次波折，怎么能锻炼出来！

你们就要出去了，要到群众中去了。听说你们在这里学习后，把握增大了，信心提高了，这很好。又听说你们感到知道的东西很少，担心下去会碰到困难，把握还不够，信心还不高。你们还年轻、幼稚，还不成熟，还不能自立，这些党是看到了的。怎么办呢？要不断学习。你们可以互相学习，也可以看国民党的报纸，看外国通讯社的报道，人家有许多东西不比你们写得差，甚至还好些。如果你们的工作完全建立在这三个星期的学习上，那是不够的。你们要看一看，做新闻工作需要些什么条件，需要些什么知识，自己必须独立学习、努力学习。这样，你们就有了主动性。

你们的工作还没有上路，我的估计是这样子的。你们的工作还有些象豆芽，还在生长的阶段，但是生命力很强，将来是会上路

的。那时你们对工作就会是熟练的、顺手的了。党老早就办报了，办报的人还没有上路，这是不是估计过低了呢？如果估计过低，那就对不起了，如果估计得对，你们就警惕。

为什么说你们还没有上路呢？这是有理由的。共产党办一件事情，要重新创造，要积累经验，一时办不好，并不奇怪。即使如此，我们也不比资产阶级落后。资产阶级办报是经过好多年才上路的，把办了几十年的《申报》和刚办的《人民日报》比较一下，我们进步并不慢。说我们进步不慢是不是就要骄傲呢？不是的。你们是给人民办报，是人民的记者、通讯员，人民给你们的任务，是否都已办好了？还没有，还没有上路。我是就这个标准来估计的。

你们要有主动学习的精神，独立地把你们的事业做好。这三个星期的学习，当作一个开始。你们要根据这个方向努力学习，创造条件，增加知识，把工作做好。

你们过去为党为人民做了许多工作，是有成绩的。但是，曾经犯过错误，在人民中的影响是很不好的。可是我们没有责备办报的同志，更没有责备你们，因为这怪不得你们。依照你们现有的条件，还不可避免地犯些错误。这怪我们没有把新华社、报纸掌握好，我们是批评自己的。但是应当向你们讲清楚，你们过去做错了许多事。过去的责任不追究，要追究的话，我们负责。

我们有个要求，希望你们能成熟起来，我作为一个读者把这个要求提出来。你们的任务是写给读者看，读者就是你们的主人，他说你们的工作没做好，那就等于上级说的，你们没有话讲。

为了把工作做好，要具备一些什么条件呢？

第一，要有正确的态度。你们是人民的通讯员，是人民的记

者，要全心全意为人民服务。

你们要了解人民群众中的各种动态、趋向和对党的方针政策的反映。人民包括各阶层，要加以区别。要善于分析具体情况，看各阶层人民有什么困难、要求和情绪。要采取忠实的态度，把人民的要求、困难、呼声、趋势、动态，真实地、全面地、精采地反映出来。“精”，就不是拉杂，“采”，就是漂亮，挂点“采”，读起来爱读。你写得不“精”，人家看不了那么多，你写得不“采”，人家不愿意看。所以要拣重要的写，重要的就是“精”的。要做到真实，就要全面，缺一面就不是真理。

你们写东西要考虑对象。这就是说每写一篇稿子，就要考虑这篇稿子大体上是写给谁看的。要区别全国与地方。你写给新华社的稿子，是面向全国的，包括蒋管区，而且还有外国人。你们就要考虑，他们需要什么，哪些东西多了，哪些又少了。如果你写一篇太行的通讯，要给各解放区看，就要估计到他们对太行需要知道些什么，怎样写才使他们更有兴趣。如果是报道经验，就要考虑太行的某一经验有无一般性。各解放区都适用的经验，哪怕只是一个村的，他们也要看的。有的经验并没有一般性，只适合太行用，那就不要详细介绍，人家不看，因为他们那里没有这个问题。

你们的报道一定要真实，不要加油加醋，不要戴有色眼镜。群众对我们，是反对就是反对，是欢迎就是欢迎，是误解就是误解，不要害怕真实地反映这些东西。唯物论者是有勇气的，绝不要添加什么，绝不要带着成见下乡。党的政策到底对不对，允许你们去考察。如果发现党的政策错了，允许你们提出，你们有这个权利。如果你们看到党的政策大体上是对的，但是还有缺点，也要提出来。

这是不是不相信党的政策呢？不是的。党的政策是否正确要在群众实践中考验。你们要把党的政策执行结果如实告诉我们，中央时刻在准备考验自己的政策。中央是这个样子，各级党委也应该是这样子。如果政策有错误，就修正它，如果它是不完全的，就把它补充得完全起来。马列主义的领导，应该如此。因之，鼓励你们去考察，依照你们的材料、看法提出问题来，如果政策正确，就说正确，如果政策错了，就说错了。你们不仅可以这样做，而且你们的任务就是如此——在群众中考察党的政策执行得怎样。你们不要怕反映黑暗的东西，当然，有的是不宜发表的。你们要从各方面去考察，用各方面的材料证明自己的判断。第一是真实，不要过分，再就是全面、深刻。

说到全面、深刻，应该说，不深刻不会全面，提不到理论高度，是不会全面的，那只能是零碎的、现象的、无系统的。全面，就要综合，要总结，要提到政策、理论的高度。提不到理论高度，就不能认识事物的本质。理论的东西就是要“透”，不是光说明现象、皮毛，而且能说明内部的联系。

要全面，就不要笼统地讲，得分析。一个政策在执行时，要看各阶级、各阶层有什么意见，各种人有什么意见，看这个政策什么人拥护，什么人反对，什么人怀疑。如果该拥护的却反对起来了，就要看是政策的问题，还是执行的问题。你们的责任，就是要从各方面把事情搞清楚之后，再下判断。考察不清楚，就没完成任务，你的通讯人家就不会相信，因为没有材料，没有分析。问题不在于人家是不是相信，而在于你是不是把事情搞得清楚。你们应敢于说：“相信我的通讯吧，不会有危险的。”你们要负起这个责任。

你们去访问，不论访问什么人，要得到群众的真心话，是很不容易的。对于新闻记者，在资本主义社会里，很少有人对他们讲真话。在我们这里，马克思主义的新闻记者，所遇到的不会这样了。但即使如此，如你问群众，今年的公粮怎么样，所得的回答是“很好很好”，你就报道个好，这不一定真实，因为你听的是表面的话。你们要和群众深谈，要从各方面考察，找出普遍现象，否则，这种反映就不真实。如果能够真实、全面、深刻地把群众情绪反映出来，作用就很大。人民的呼声，人民不敢说的、不能说的、想说又说不出来的话，你们说出来了。如果能够经常作这样的反映，马克思主义的记者就真正上路了。群众就会拥护你们，你一到那里，群众就会找你反映情况。那时，记者在群众中威信高的、低的，影响大的、小的，就看出来了，现在还看不大出来。你们的工作做好了，党和群众会报答你们的。但是，这是结果，不能当作目的去追求。如果你着急，马上想搞一个全国出名，那只能是“客里空”。你们的笔，是人民的笔，你们是党和人民的耳目喉舌。你们不能采取轻率的、哗众取宠的、“客里空”式的态度，而应当采取负责的、谨慎的、严肃的态度去做工作。

第二，必须独立地做相当艰苦的工作。凡不愿独立地做艰苦工作的人，任何事情也做不好。你们要切记这一点。艰苦工作，首先思想上要艰苦，要做理论的、系统的工作，而且是独立地去做。人家叫你们去做什么就做什么是不行的。你们要真实地反映情况，独立地去作判断，就要到处去看，去问，就要读马列的书，做许多研究工作。光靠在这里学习三个星期，下去还不能把事情做好，还有很多东西要学。比方说，有时从群众中听到一句话，这句话是真是

假，到底是什么意思，下个判断并不容易。没有经验，没有理论上、方法上的修养，就没法判断。有的同志说，过去走了“干部路线”，现在要走群众路线，只提倡群众当家，反对干部当家。哪里会有不要干部的群众路线？那只能变成群众要怎样办就怎样办。群众怎样当家？总要选派代表吧，不能几百万人一齐当家吧，干部还不就是他们的代表。许多同志认不清这一点，把群众当家和干部当家对立起来，是错误的。为什么看不出来？因为缺乏马克思主义理论，缺乏独立的思考，不能在分析之后加以正确的判断。

第三，要有马列主义理论修养。要做马克思主义记者，却不大懂马克思主义，基本问题就在这里。你们不提高理论修养，工作是做不好的。

有的同志在北平时写得很多，很有人看，可是一到我们这里，写不出来了。他们说没有“自由”，一篇稿子改来改去，把“创造性”给限制了。不是的，如果你写违反马列主义的东西，当然要限制，必须限制的吧。比方，你写一篇文章，倒是生动活泼，但内容却是只要群众当家，否定干部的作用，这种“创造性”是要限制的。问题在于你当了党报的记者，不是在北平墙报上、不是在《大公报》上写文章，这一点要搞清楚。在蒋管区写东西，有百分之三十的马列主义，群众就欢迎，呱呱叫；在我们的报上如果有百分之三十的非马列主义，就得挨骂。

你们缺乏经验，特别是缺乏马列主义理论，看问题不是马列主义观点，而是别的观点，比方小资产阶级观点等，这样，写东西的盲目性就很大。

因此，要提高理论水平，要熟悉马列主义，特别要学习唯物史

观、认识论，学习阶级分析的方法。你们学习这些，不是看一遍书就行，而是要不断地学，直到能够运用，有能力看出别人用得对不对。那时，写东西就自由了。不熟悉马列主义，就不自由，你们现在还没有获得这种自由。共产党记者最可宝贵的知识，是理论知识，在这方面，你们特别缺少。所以，要继续学习，不只要三个星期，要三个月、三年、三十年，努力把马列主义学好。

第四，要熟悉党的路线和政策。为了及时地正确地宣传党的路线和政策，就要经常学习、研究，时刻注意党的各项方针政策的执行情况。自己不懂的问题，应当勤问，可以写信问你们的上级。不懂得党的路线，是搞不好工作的。你们还要懂得两条战线的斗争，善于用两条战线斗争的方法来办报。坚定地执行党的正确路线，既批评左的倾向，又批评右的倾向。这是基本的方法，马列主义的方法。不否定左和右的谬误，就没法肯定真理，要确定真理，就得否定谬误。

你们不仅要宣传党的政策，还要在群众的实践中去考察政策是不是正确，有没有缺点，这里就表现出你们的创造性了。你能了解群众的真正情绪，他就不能；你能有力地宣传党的政策，他就不能；你写得真实、精采，他就不能；你能发现党的政策的缺点，他就不能。你的创造性就表现在这里，党不是限制而是鼓励这种创造性。但是，无政府主义、资产阶级、小资产阶级的东西，不能任其泛滥。写这些东西的人说是发展他的个性，其实是发展他那个阶级的党性。我们要的是无产阶级的党性、个性，如果你有接近群众的个性，有全面深刻反映劳动人民心理之个性，这是好的。如果你讨厌群众，有喜欢反映地主、资产阶级思想感情之个性，那是不

行的。

具备了以上四个条件，工作就可以做好。但是，你们现在还不够，还要学习。当然，如果感情还在地主、富农、资产阶级那里，那就不只是学习问题了，不过学习也会好些。相信你们是为人民服务的，即使有点地、富、资产阶级观点，也是不自觉的。希望你们继续努力改造自己，端正为人民服务的态度，学会接近劳动人民的本事，加强马列主义的修养，熟悉党的路线政策，不怕独立地做相当艰苦的工作，把人民的新闻工作做好。

李东东“讲传统谈新闻”专栏③

新闻工作“进京赶考”

回顾党的老一辈新闻工作者所走过的艰辛而光辉的历程，我们能够真切地感受到他们在当时的历史发展进程中所发挥的巨大作用，所产生的积极影响，从而更深刻地理解自己作为新闻工作者所继承的那份光荣与责任。

1949 年 1 月底，和平解放北平的谈判已经基本结束。在大军正式入城的前两天，1 月 31 日，中国人民解放军的第一批部队从西直门进入了北京城，当时仍叫北平。随着这支部队入城、穿着军装的为数不多的地方干部里，就有《人民日报》的部分领导和干部，他们肩负着中共中央机关报的工作任务。

父亲李庄接管国民党中央社北平分社后摄。

谈起中共中央机关报的历史，可以追溯到 1931 年在瑞金成立的《红色中华》。这是党的历史上第一张中央机关报，办到1937年1月，经过长征，党中央到达延安以后一段时间。第二张中央机关报，就是现在上海市委机关报与之同名的《解放日报》，1941年5月创办于延安。党中央在长征胜利到达陕北之后，在极其艰苦的物质条件下，办了这张报纸。为了支撑党中央机关报，当时停掉了《共产党人》、《解放》周刊、《八路军军政杂志》等好几张其他报纸和刊物。延安《解放日报》一直办到1947年3月胡宗南进犯延安、毛主席转战陕北的时候，1947年3月停刊了。1948年3月23日党中央东渡黄河，于1948年5月到达河北省平山县西柏坡之后，决定再次创办中央机关报。1948年6月，从太行山下来的晋冀鲁豫《人民日报》和晋察冀边区《晋察冀日报》的两支新闻工作者队伍，在河北平山西柏坡附近的里庄会合，创办了中共华北中央局机关报《人民日报》，代中央机关报。1949年3月迁至北平（今北京），同年8月起改为中共中央机关报。《人民日报》这个报名是在征求了不少党报工作者的意见后，由毛主席亲自决定的，表明中共中央机关报就是人民的报纸，中国共产党除了服务人民，没有别的宗旨，没有自己的私利。

作为中央机关报《人民日报》的创始人之一，我父亲李庄对他在人民日报四十年的经历，前后出书，作了真切的回顾、深刻的总结。在他晚年最后一本著述《难得清醒》中，父亲翔实地记录了他和战友、同事"进京赶考"的历程。"报社刚刚迎接'跑反'的同志归来，马上安排另一批同志出发，不过这次不是向南而是向北，是准备进北平办报。我又一次得到美差，参加先遣队进北平。"

"'近乡情更怯。'赴北平途中，我真正体会到古人一些诗句的

深刻入微……多年憧憬北平，是因为儿时读过不少介绍这个故都的书，十多年来又总是想着进北平生活，办报。北平成了胜利、解放、工作甚至终老此乡的同义语。听说要我参加先遣队就兴奋，一路上兴奋，到了北平郊区更兴奋。”

一肩行李下太行，父母“进京赶考”。

父亲一行第一站到达进北平城的基地良乡，同新华社总编辑范长江同志会合。长江同志负责接管国民党在北平的新闻系统，筹建我们自己的新闻事业。但他只带了章明、李千峰等少数干部，具体工作主要靠我父亲他们这些从中央机关报派来的同志。

解放北平，中央当时有两种准备：立足打进去，力争开进去。打进城是基础，能打进城才有可能开进城，首要的准备还是前者。军事部署不是宣传文化部门的事，新闻宣传稍稍有些复杂，因为涉及不止一家单位。在良乡初步安排后，范长江、李庄、李千峰等同志接着又赶到驻在河北玉田的平津前线司令部，同第四野战军政治部主任谭政、新华社第四野战军总分社社长杨赓商谈解放北平的新闻报道分工合作事宜。决定攻城战斗和凯旋仪式由军分社组织，其他由新华社北平分社即我父亲他们负责。

从 1949 年 1 月 22 日起，傅作义部队开始履行协议，陆续开赴城外指定地点接受改编。这时父亲一行已从良乡进至青龙桥，离北平城更近了。北平军管会主任叶剑英同志作了进城前的最后一次报

告，他勉励大家振奋精神，努力工作，虚心学习，做到“一尘不染，四大皆空”。“一尘不染”——廉洁奉公，不取民间一草一木；四大皆空——把国民党“劫收”北平时明抢暗夺的“车子、房子、金子、女子”一概视为敝屣，“让北平人看看，共产党人究竟是个什么样子。”

父亲这样写道：“1 月 31 日下午，时候到了。一群新闻兵，三部大卡车，从青龙桥直奔西直门。城门洞开，但沙包、拒马还未完全拆除。岗兵有解放军战士望着我们微笑，这好理解，自家人来了；还佩戴国民党帽徽的蒋傅军岗兵也望着我们微笑，这很自然，他们新生之后，看我们也是亲人。在我们之前，解放军先开进一个师，其中包括第四野战军通令嘉奖后的‘塔山英雄团’、‘秋毫无犯团’。成批进城的‘地方干部’，我们是第一批。车到新街口，赶上先头部队。这时万千市民站在街头，欢迎解放大军。第二天出版的报纸用了不少入城部队‘英气逼人’，欢迎人群‘如狂如痴’等词句。”“我们穿的棉军装，用土布制成。解放区缺染料，土布以杏树根榨汁浸染，呈杏红色，原来就很难看。两三个月过后，颜色斑驳，更加难看。谁知这身花里胡哨的军衣，配上崭新的‘中国人民解放军北平市军事管制委员会’胸章，却引来广大市民的尊重。看！解放区的老革命，军管会的干部多朴素、多神气！听了这种议论，我们加倍自持，互相提醒谨言慎行，绝不能给党和军队丢脸。”

北平最早接管的是两个新闻单位。2 月 1 日，北平原有的报纸、通讯社，除国民党党报《华北日报》和党办通讯社中央社外，照常出版、发稿。几家报纸刊出这样的标题：《接管正式开始　范长江接管华北日报　李庄接管中央社北平分社》。接管从新闻单位开始，

说明了它作为传播信息、反映舆论的工具，各派政治力量都是十分注意掌握的。

接管中央社以后，范长江、李庄等同志到彭真同志处商讨出版《人民日报》（北平版）的事。市委出版《人民日报》（北平版）是中央定了的，而当时《人民日报》也在平山继续出版。父亲写道："彭真同志原来倾向北平版先出对开两版，是考虑干部刚刚进城，情况不熟，事情太多，人手很少，害怕报纸版面出纰漏。长江看法不同，他认为正是因为事情多，所以报纸至少要出四版，否则稿件无法安排。干部确实少，可以一个顶两个用。他说，一天有二十四小时，他可以每天只睡六小时，其余都放在报纸上。我同意长江的意见，只补充说，我比长江小几岁，他每天睡六小时，我可以只睡四小时。北平分社就是《人民日报》（北平版）的采通部，要向总社发稿，又向报纸供稿，《人民日报》如果发生稿荒，先打我的屁股。彭真同志从善如流，看我们说得在理，又有一股'虎劲'，当即同意我们的意见。"

这些"进京赶考"的党的老一辈新闻工作者，当年正是三十多岁年纪，胸怀理想，精力充沛，风华正茂。大家废寝忘食，夜以继日，终于在从根据地进京、接管国民党新闻机构后，立即出刊了自己的报纸。由于条件实在太有限，又要兼顾方方面面，尽管做了最大努力，还是没能实现最初争取接管第二天即 2 月 1 日出报的设想。一向谨慎、求是的父亲这样写道："《人民日报》（北平版）2 月 2 日的创刊号还是迟至下午出版。……虽然头绪很多，幸未发生差错。时间是耽误了，质量却保证了。……王府井大街人山人海，挤满报贩和由于各种原因急于早些看到报纸的市民。"从新闻前辈们

交上“进京赶考”的第一张答卷可以看到，夺取政权，巩固政权，舆论工作有多么重要。

接下来的大半年时间，用今天的话来说是激情燃烧的岁月。当时中共中央向全国发出了要召开新的中国人民政治协商会议的通电。党的中央机关报和已解放省份的地方党委机关报，都在做着准备建立新中国这方面的宣传报道工作。

（原载人民网 2011 年 2 月 24 日）

《难得清醒》节录

◎李　庄

“近乡情更怯”。赴北平途中，我真正体会到古人一些诗句的深刻入微。北平不是我的故乡，我的故乡是徐水。昨天过徐水小城，卡车还在我家门前停下，我丝毫没有游子回乡的心情，甚至没有向围观卡车的孩子问一声。我厌恶那个没落的腐朽的地主、资本家家庭，进而冷落生活过十多年的故乡，到北平，才像回归理想的“故乡”。

多年憧憬北平，是因为儿时读过不少介绍这个故都的书，十多年来又总是想着进北平生活，办报。北平成了胜利、解放、工作甚至终老此乡的同义语。听说要我参加先遣队就兴奋，一路上兴奋，到了北平郊区更兴奋。

越近北平越兴奋，也越踌躇，回故乡到新地的心情交织在一起。真的能进北平么？在北平怎样生活、工作？能胜任在北平办报的任务么？从邯郸到平山，坐木炭发动的日本卡车，经常“趴窝”；从平山来北平，坐蒋大队长（战士们戏称蒋介石是运输大队长）送来的美国十辆卡车，一路顺风。在卡车上也说笑，也遐想，内容丰

富多彩，大体不出上述范围。最后我把许多相互矛盾的思想理出一个头绪：争口气，别露怯。

我这个想法有道理。同行近二十人，电台的青年同志之外，编辑部门的袁勃、张更生、何燕凌、李原等几位都有较高的学历，曾在大城市读书和工作。同他们比，我实在是一个“土老冒”，事实逼着我谦虚谨慎，决心连滚带爬，尽力跟上队伍。

乘卡车来北平，沿平汉路东侧砂石路走走停停。在抗日战争和解放战争时期，这片大平原属冀中根据地——解放区。冀中人民对两次革命战争的贡献，几本书是写不完的。此时继续为革命尽力，不过出动的已不是抬担架、扛云梯的战勤队伍，而是头尾衔接一望无际的运输长龙。车如流水，人喊马嘶，经常堵住汽车的路。北平即将获得解放的二百万居民要吃饭，近百万围城大军要吃饭，几十万即将放下武器或者起义的蒋军士兵要吃饭。冀中人民懂得，没有粮食就没有战争的胜利，有粮食就有新中国成立后的新秩序，宁肯自己吃玉米、红薯，也把白面、小米送到北平。车把式兴高采烈，叼着烟袋，打着响鞭，不时向我们招呼：“同志，北平见！”青年人口直，半开玩笑地喊：“你们进城啦，可别忘了我们呀！”这句话使人心颤。从20世纪50年代中后期开始，很有一段时间，我们的决策者虽然没有忘记他们，可是由于制定、执行的路线不对，好心肠办了大错事，狠狠整了供给我们吃饭的农民。

我们第一站到达进北平城的基地良乡，同新华社总编辑范长江同志会合。他负责接管国民党在北平的新闻系统，筹建我们自己的新闻事业。但他只带了章明、李千峰等少数干部，具体工作主要靠我们这一伙人。

解放北平，中央有两种准备：立足打进去，力争开进去。打，比较干脆；谈，麻烦得多。但是，为了北平居民免受损失，大量文物免遭破坏，敌我双方多少万士兵免于伤亡，我们宁愿承担这种麻烦。往返谈判几达一月，准备进城的人们于是在良乡暂时安顿下来。

打进城是基础，能打进城才有可能开进城，首要的准备还是前者。军事部署不是我们的事，新闻宣传稍稍有些复杂，因为此事涉及两家。我们先在良乡作了安排，范长江、李庄、李千峰接着又赶到驻在河北玉田的平津前线司令部，同第四野战军政治部主任谭政、新华社第四野战军总分社社长杨赓商谈解放北平的新闻报道分工合作事宜。决定攻城战斗和凯旋仪式由军分社组织，其他由新华社北平分社即我们负责。回到良乡，由于随时准备抬腿进城，准备工作更加紧张：继续调查研究北平情况，学习党的城市政策，研究进城办报方案，同时采访郊区恢复工作，并同准备进城进行接管的各个单位建立联系……市委这时给我们分配三个干部：陈迹、陈泓、王金凤，原是北平的大学生，因在学校从事革命活动过于暴露，暂时撤到解放区，不久又被调回，市委分配到新华社北平分社。他们对北平的情况相当熟悉，对分社工作很有帮助，但是下马伊始也给我们出了一个馊主意。

我们穿的棉军装，用土布制成。解放区缺染料，土布以杏树根榨汁浸染，呈杏红色，原来就很难看。两三个月过后，颜色斑驳，更加难看。陈、王两位女同志看不过，建议用肥皂水擦洗肩胸过脏之处。这下坏了，乳白、杏红、灰黑，单从颜色看，不下于现在军人穿的迷彩服。谁知道这身花里胡哨的军衣，配上崭新的“中国人

民解放军北平管制委员会”胸章，却引来广大市民的尊重。看！解放区的老革命，军管会的干部多朴素、多神气！听了这种议论，我们加倍自持，互相提醒谨言慎行，绝不能给党和军队丢脸。当时干群关系之好，六七十岁的人经历过了，自然永世不忘。

我在根据地——解放区生活、工作十多年，对农民、农村比较熟悉，对产业工人、高级知识分子、工商业者、高等院校师生可说一无所知。如果不能较快地改变这种状况，城市新闻工作干不下去。我想快进城又有些怕进城，原因就在这里。看看谈判一时不能结束，我建议在接管、办报等项研究大致就绪之后，请长江同志指导大家就地采访，从长辛店开始，那里的机车车辆修理厂规模甚大，是“二七”革命运动基地之一。长江同意我的建议，要我带三两同志先行，他们相机跟进，因为军管会的基地还在良乡。

中共北平市委书记彭真同志长期从事城市秘密革命工作，一再号召即将进城的干部向老工人学习，“你不懂产业工人，就不懂现代城市”。我刚到长辛店不久，1949 年 1 月 20 日，彭真同志到长辛店邀请“二七”老工人座谈。他先介绍全国即将解放的形势和依靠工人阶级改造、建设城市的方针政策，主要听取到会工人对现已执行的、应该执行的各项政策的意见和建议。这些产业工人，主要是几位在 1923 年“二七惨案”前后坚持地下斗争的老党员，他们坚强不屈的革命意志、丰富实在的社会经验和有什么说什么的坦率气度，给我这个后生晚辈、城市知识“启蒙生”留下至今难忘的印象。我有生以来发表的第一篇介绍产业工人的通讯，就是以这个座谈会为基础，辅以会后采访写成的。

我在座谈会上交的第一个工人朋友杨宝嵩，是长辛店机车厂的

翻砂工、“二七”罢工参加者、老共产党员。他的大哥杨宝昆也是共产党员，曾任京（北京）奉（沈阳）铁路总工会副委员长，“二七”罢工后被捕牺牲。他的儿子杨树青也是共产党员、长辛店机务段工人。新中国成立后，杨宝嵩是长辛店铁路工会负责人之一、北平市总工会筹备委员，他每次进城开会，必打电话给我，我只要能抽出时间必去看他。老杨讲述平汉路特别是平汉北段工人运动历史，各路军阀在平汉北段混战带给人民的苦难，日本法西斯统治的凶暴，国民党“劫收”时的骄狂和溃败时的狼狈，“老北京”对改造这个古老城市的希望和意见……一次一堂课，多是我闻所未闻，或有概念而无内容的。当然，不是每次谈话都能成文。新闻记者不能“急功近利”，“现贩现卖”的材料要重视，暂时不用的材料、观点也积累。我们应该做脑子灵、手脚劳勤的“有心人”。

从 1949 年 1 月 22 日起，傅作义部队开始履行协议，陆续开赴城外指定地点接受改编。这时我们已从良乡进至青龙桥，离北平城更近了。北平军管会主任叶剑英同志作了进城前的最后一次报告，他勉励大家振奋精神，努力工作，虚心学习，做到“一尘不染，四大皆空”。“一尘不染”——廉洁奉公，不取民间一草一木；四大皆空——把国民党“劫收”北平时明抢暗夺的“车子、房子、金子、女子”一概视为敝屣，“让北平人看看，共产党人究竟是个什么样子”。同志们都把这次讲话看作“战前鼓动”。长期经验证明，战斗发起之前的鼓动，人们记得特别牢靠，执行特别坚决。

1 月 31 日下午，时候到了。一群新闻兵，三部大卡车，从青龙桥直奔西直门。城门洞开，但沙包、拒马还未完全拆除。岗兵有解放军战士望着我们微笑，这好理解，自家人来了；还佩戴国民党

帽徽的蒋傅军岗兵也望着我们微笑，这很自然，他们新生之后，看我们也是亲人。在我们之前，解放军先开进一个师，其中包括第四野战军通令嘉奖后的“塔山英雄团”、“秋毫无犯团”。成批进城的“地方干部”，我们是第一批。车到新街口，赶上先头部队。这时万千市民站在街头，欢迎解放大军。我们叨天之幸，也受到热烈欢迎，心里那个美劲儿简直无法形容。第二天出版的报纸用了不少入城部队“英气逼人”，欢迎人群“如狂如痴”等词句。

北平最早接管的是两个新闻单位。2月1日，北平原有的报纸、通讯社，除国民党党报《华北日报》和党办通讯社中央社外，照常出版、发稿。几家报纸刊出这样的标题:《接管正式开始　范长江接管华北日报　李庄接管中央社北平分社》。接管从新闻单位开始，当然不是说明新闻单位特别重要，但它作为传播信息、反映舆论的工具，各派政治力量却是都注意掌握的。

我敢在中央社北平分社许多“新闻官”面前讲话，凭的是革命者的一腔正气。我知道俯首听讲的人，有的新闻工龄比我长，有的新闻知识可能比我多。但是，在真理、正义这些方面，他们不大可能同我比，怕什么！中央社北平分社社长丁履进乘在东单简易机场起飞的最后一架小飞机逃离北平，编辑主任黄卓明负责丁某丢下的社务。黄是民盟成员，在他主持下，几天前已经不发中央社稿，改发新华社稿。我进城后接管非常顺利，全社人员名册，装备、物资清单都已作好，接过审查就是了。长江和我先后讲话，宣布接管政策，指出中央社是蒋党、蒋政府的新闻机关，干了许多坏事，希望大家跟它彻底划清界限，同蒋介石反动集团一刀两断，各司其事，安心工作。大家可能已经研究过我们的有关政策，情绪非常稳定。

会后一个姓蒋的记者一定要同我谈五分钟，他说他是CC特务，但只搞过学生运动的情报，没有干别的坏事，今后一定洗心革面，重新做人，今天先挂个号，随时准备向公安部门详细交代。说完，交出一个崭新的左轮手枪。我稳定他，鼓励他，说过去当特务，与人民为敌，是犯了罪的。现在愿意改恶向善，人民欢迎，坦白得好可以从宽处理，如能立功还会受奖。他表示拥护政府的政策，一定不错过悔改的机会。

特务的手枪使我动心，比我现有的这支好多了，我实在想换过来。我想，我是党的人，枪是党的财产，一不能吃，二不能喝，用它防身总不为过。继而想想，进城纪律说得清楚，一草一木尚不能动，何况手枪？我是单位负责人，岂能带头破坏纪律？“慎独”二字永远是响亮的警钟，错误、罪过常常出自一念之差。清醒过来，想到不仅不能这么做，甚至不该这么想。此事作为教训，同两个老同志谈过，实在后怕。

当晚发生了两件事，一件我直接处理，一件是我出去开会后高飞同志办的。我们接管的中央社在石碑胡同，二层小楼，水泥地面。我警备司令部为安全计，给我们配备一个警卫排，由一位副连长率领。城市找不到铺草，战士宿营成了问题。丁履进原办公室有块大地毯，我提议移到战士住的会议室，可以代替铺草用。这在我们看来是非常自然的事，谁知引起一场争论。原中央社庶务主任说，原中央社没有宿舍，接管的先生们有十多人，行李单薄，夜里恐怕主要靠它。再说主任（我当时的名义是新华社北平分社编辑主任）的办公室没有一块地毯也说不过去，他坚决主张不移动地毯。副连长说：“我们露营惯了，这地毯不能搬，首长白天办公，晚上

休息要用它。”我最后决定，地毯给战士，我们利用沙发、桌子休息。战士休息不好，怎么执行任务？我绝对没有想到这样一件任何干部都会如此处理、我当时根本没有多加考虑的小事，反应竟然这样强烈：“共产党跟国民党就是不一样！”“官长这样对待士兵，士兵打仗能不拼命？”还有一件事，高飞同志处理非常得体。他是我们的电务部门负责人，这时兼秘书工作。中央社原庶务主任考虑我们晚间进城，准备了一顿夜宵：大锅面条。在刚刚解放、粮食紧张的北平，这已经不容易了。当时我们带着干粮，是农民作好多日的玉米面饼，又干又冷又粗，比热面条自然差多了。高飞同志没有接受这番好意，也没有严拒这番好意，他耐心解释，既没有吃面条，又心领大家的好意。我在石碑胡同工作半月多，跟原中央社的一些人熟了，多次同他们谈心。据说，日本投降后，国民党来接收，北平人原来也寄予很大希望。“过去的事情不说了，看它眼前的表现吧！”谁知两件事情搞砸了，一是“五子登科”，进来就抢房子、车子、女子、金子，搞得神鬼不安，鸡犬不宁。二是打内战。日本糟害八年，老百姓原想喘口气，可它硬是大打特打。如此丧失人心，不垮台才怪。“你们的所作所为，同他们比实在是天上地下。就说我们这个小单位，抗战胜利了，丁履进飞了来，第一件事是抓器材。北平的同盟社总分社掌管华北、东北同盟社所用照相器材，全让丁履进私吞了，据说值十万银元，北平临解放，他又坐飞机跑了，能不丧尽人心？”我由于《人民日报》（北平版）工作需要，新华总社编辑人员又已到来，先离开新华社北平分社。据比我离开稍晚的张连德同志说，原中央社职工那天在门口送我，看我一肩行李来，一肩行李去，认为“简直不可思议”。

接管中央社以后，我立即随长江同志到彭真同志处商讨出版《人民日报》（北平版）的事，在座的还有市委宣传部长赵毅敏同志。市委出版《人民日报》（北平版）是中共中央定了的，《人民日报》继续在平山出版，仍为华北局机关报。彭真同志原来倾向北平版先出对开两版，是考虑干部刚刚进城，情况不熟，事情太多，人手很少，害怕报纸版面出纰漏。长江看法不同，他认为正是因为事情多，所以报纸至少要出四版，否则稿件无法安排。干部确实少，可以一个顶两个用。他说，一天有二十四小时，他可以每天只睡六小时，其余都放在报纸上。我同意长江的意见，只补充说，我比长江小几岁，他每天睡六小时，我可以只睡四小时。北平分社就是《人民日报》（北平版）的采通部，要向总社发稿，又向报纸供稿，《人民日报》如果发生稿荒，先打我的屁股。彭真同志从善如流，看我们说得在理，又有一股“虎劲”，当即同意我们的意见，最后说：还是毛主席那句话，凡事多动脑筋，谦虚谨慎。大事同市委商量，小事你们大胆处理，力争不犯大错误，犯点小错误不要紧，及时改正就是了。

报纸出多少版合适，我心里其实没有数，可有一股劲。国民党那么腐败，北平已经陷入我方重围，它的《华北日报》还出四版。我们是胜利者，党报只出两版，我咽不下这口气。当然，我也想过，我们报社先遣队人数不多，多数人对北平情况也不熟悉，但是大家都有争强之心，又没有家务牵累，能把少量睡眠以外的全部时间用于工作；进城的各个机关、团体都有话要向社会发表、公布，想办法把它们收集起来，稿件来源不成问题。只要处置得宜，报纸可以满足领导和人民的要求。凭着这些符合实际的考虑，《人民日

报》(北平版)和新华社北平分社紧张地运转起来。大家尽管废寝忘食,2月2日的创刊号还是迟至下午出版。王府井大街人山人海，挤满报贩和由于各种原因急于早些看到报纸的市民。事后得知，时间迟误主要出在当天非登不可的几个机关的“安民布告”上。居住分散，情况不熟，电话不畅，汽车很少，准备不足，层层斟酌审查，都是迟误原因。几个编辑只好趴在办公桌上睡觉等稿。不管怎么说,《人民日报》(北平版)是创刊了，虽然头绪很多，幸未发生差错。时间是耽误了，质量却保证了。这里说的质量，是我们在被包围、很封闭的根据地形成的一种看法，似乎出版时间早晚快慢不是新闻工作质量的重要内涵。独此一家惯了，不怕你不看的傲气害苦了我们。

李东东“讲传统谈新闻”专栏④

开国通讯报道是怎样写成的

2011 年，中国共产党建立 90 年，执政 62 年。回想当年，建立中华人民共和国的时候，党的新闻工作者在那激动人心的岁月、在那开天辟地的一刻都做了什么？

1949 年 10 月 1 日，毛主席在开国大典上宣读中央人民政府成立公告。

1949年秋，中国人民政治协商会议在京召开（会议开幕在北平、闭幕在北京）。当时党中央曾经考虑召开全国人民代表大会，来完成建立新中国的任务，但是因为条件不具备，遂决定召开政治协商会议代行人民代表大会职责。我的父亲李庄和他的同事们参与了政协第一届会议的新闻报道工作。8天会议，他始终在中南海怀仁堂现场采访，以每天刊发在《人民日报》上一篇新闻通讯，全程见证并记录了新中国成立的历史时刻，成为有幸采访政协一届会议、并有幸在10月1日开国大典登上天安门城楼的为数不多的新闻工作者之一。

中华人民共和国开国那天的中央机关报《人民日报》，记录的是1949年9月21日新政协开幕，报眉上是“中华民国三十八年九月二十二日”，时间用的是民国时间，当时无论解放区、国统区，都是这样用的。报头底下的中央党报的地址，在北平王府井大街。这天的一版上半版是中国人民政协第一届会议上毛主席的开幕词，毛泽东主席把中华人民共和国的成立，就是在世界的东方

人民日報

全國人民團結一致！堅持人民民主專政！團結國際友人！

慶賀中華人民共和國的成立！慶賀中國人民政治協商會議的成功！

中國人民政協第一屆會議上

毛主席開幕詞

人民解放戰爭和人民大革命勝利

中華人民共和國開國盛典

中國人民政協開幕

毛澤東主席宣佈會議任務：

制定中國人民政協組織法與共同綱領，選舉中國人民政協全國委員會暨中華人民共和國中央人民政府委員會，制定國旗國徽，決定國都所在地和年號

毛主席等八十九人當選爲大會主席團

社論

舊中國滅亡了，新中國誕生了！

「中國人從此站立起來了」

1949年9月22日《人民日报》第一版刊登了通讯报道——《“中国人从此站立起来了”》。

李庄采访第一届政协会议，撰写开国通讯报道。

要建立怎样一个新的中国，开宗明义、两千多字就讲清楚了。新闻头条是新华社消息，肩题是《中华人民共和国开国盛典》，主题是《中国人民政协开幕》，副题是《毛泽东主席宣布会议任务》，宣布了多少任务呢？制订中国人民政协组织法与共同纲领，选举中国人民政协全国委员会暨中华人民共和国中央人民政府委员会，制定国旗、国徽，决定国都所在地和年号。倒头条是社论，社论的标题非常醒目扼要——《旧中国灭亡了，新中国诞生了！》，中间有一条消息和一篇通讯，通讯的题目《“中国人从此站立起来了”——中国人民政协第一届会议特写》，是从毛泽东主席的开幕词中提炼出来的。这些重大历史事件，当时都通过新闻报道向社会发布周知。

政协会议是在中南海怀仁堂召开的。怀仁堂原为清廷西苑里的仪銮殿，推翻帝制、重建之后改名怀仁堂。当年北平饱经战乱，百业凋敝，找不到一个能容纳千人开会的会场，只能把怀仁堂宫殿连同四周廊下，作为建立新中国的会场。在这样比较局促的情况下，不可能给新闻记者多少名额，特别是在主席台区。各民主党派出于对中共中央的尊重，在怀仁堂主席台区给了《人民日报》和新华社各一个文字记者名额，加上摄影记者和中央人民广播电台、中央新

闻纪录电影制片厂不多的几个记者。只有这几位同志能够到主席台区进行采访。他们没有固定的座位，手里只有一支笔和一个本子，要一刻不停聚精会神地关注主席台和主席台区发生的一切。会场怎么布置的，毛主席怎么走进会场，说了什么，各位领导人、各界代表们怎样说怎样做，什么表情等等，都要靠新闻工作者记录。当时没有录音机、录音笔这样的设备，照相机也只有少数摄影记者拥有，更没有背景资料、通稿等等。新华社记者为了确保发出的消息真实无误，散会以后就紧跟着毛泽东、刘少奇等领导，从他们手里把讲话稿要过来。如果现场要不到，就得回头去找中办。新华社记者在当天会议结束后，要马上根据现场观察和可靠的正式文本写出消息。我父亲作为党报记者，任务是写通讯特写，要靠自己在现场的观察，以及调动背景知识积累、分析联想写出通讯，《“中国人从此站立起来了”》这一开国第一篇通讯报道就是这样完成的，刊登在第二天的《人民日报》头版。

政治协商会议一共开了 8 天，新华社发了 8 篇头条消息（还有众多其他消息），《人民日报》发了 8 篇通讯，逐日记载了新生的人民共和国诞生的过程。9 月 28 日之前，《人民日报》的报眉上还是用的中华民国纪年，社址在北平王府井大街。到了 9 月 28 日那天的报纸，变化就很大了，因为 9 月 27 日决定的事情很多，决定了多少事情呢？通过中国人民政协组织法，通过中央人民政府组织法，国都定于北平更名为北京，国旗、国歌及纪年均已确定。9 月 28 日的报纸，同志们可以看到，报眉上是 1949 年 9 月 28 日，此前一天还是中华民国三十八年。而《人民日报》的社址，到了这一天由北平王府井大街改为北京王府井大街。在当时那样的情况下，

相对很艰苦，工作条件也非常有限，但是党报记者充满激情，忠诚勤勉，那是不能出一个差错的，更不要说新闻不真实了。

这里有一张照片，大会第一天，毛泽东主席在怀仁堂签到，当毛主席走进怀仁堂坐下来准备签名的时候，工作人员告诉他，请你签上党派，所以他签的是中国共产党毛泽东。朱德同志签的是中国人民解放军朱德，因为朱德同志是在解放军的代表团里。还有一张照片，大家都看到了，代表们都站起来了，大家都在鼓掌，只有毛泽东同志神情庄重没有鼓掌。这张照片记录的是宣布毛泽东当选为中央人民政府主席的情景。当天下午的会上，公布了选举结果，票数也公布了。那天的通讯，我父亲的第 8 篇特写《“庆贺中华人民共和国的诞生”——记人民政协最后一天大会》，就是这么如实记的：“刘少奇宣布：‘到会有选举权的代表共五百七十六人。’如数发下选票后，在我们开国史中最庄严的仪式正式开始。每一个人经过一度深思，立刻在选票中表达出自己的希望。其实代表们都是胸有成竹的，谁领导了中国的革命，谁把灾难重重的中国人民解救出来，谁一定被选择为中央人民委员会主席，他会继续领导我们永远走向胜利！”

因为我父亲是写通讯而不是消息，他既要忠实记录现场情况，也要引申、联想。现场情况，包括“整个过程是那么严肃认真，表现着政协会议自始至终的精神。毛主席仔仔细细写好了自己的票，在四时二十分整，把票投进第三号票箱”。这都是记者站在旁边看的，他没有别的条件，没有人告诉他这是谁那是谁。作为记者，你就得自己观察，你没有观察到，你没有写出来，就等于没有为历史留下记录。最后，“执行主席李立三说：‘有选举权的代表都投票

了，我们的投票是有效的。’人们热烈鼓掌，庆贺投票手续的完美无缺。”在特写中，这都是有引号的，非常真实地把当时的情况反映了出来。

“七时三十分，执行主席刘少奇宣布选举结果。他一字一句地说：‘中央人民政府主席，毛泽东，五百七十五票。’全场代表一致起立，热烈鼓掌。乐队奏起‘东方红，太阳升，中国出了个毛泽东……’的乐曲。代表们和着乐声的节拍鼓掌，其中并响着此起彼伏的‘毛泽东万岁’的口号声。”这应当就是这张照片反映的情景了。

「慶賀中華人民共和國的誕生」
——記人民政協最後一天大會
李莊

1949年10月1日《人民日报》第四版通讯——“庆贺中华人民共和国的诞生”

10月1日，上天安门城楼采访的还是这几位同志，人民日报的李庄，新华社的李普、侯波，还有中央人民广播电台的齐越和丁一岚，他们负责现场播音，还有新影的同志。李普同志在世时接受过采访，谈到开国大典报道，他家里有一张珍贵的照片，大典时他站在天安门城楼上，而且站在贺龙和陈毅同志的前面，站得非常靠前。他为什么能留下照片呢，因为他和侯波同志比较熟，侯波同志专门给中央领导同志拍照，看到李普同志，给他拍了一张。后来我问我父亲，那天你站在哪儿？他说我没那么靠前，在旁边站着呢，他没有留下

在天安门的照片。父亲后来在自己的回忆文章中这样写道：“天安门永远雄伟壮丽，1949 年 10 月 1 日，我在毛泽东主席附近，看他用扭转乾坤的巨手按下升起五星红旗的电动开关。”

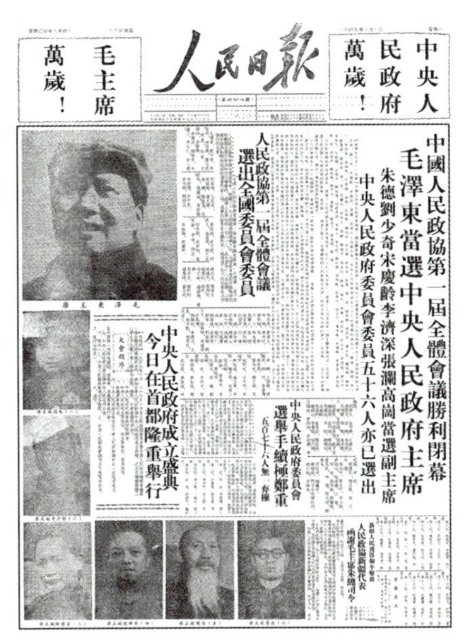

人民日報

毛主席萬歲！

中央人民政府萬歲！

中國人民政協第一屆全體會議勝利閉幕

毛澤東當選中央人民政府主席

朱德劉少奇宋慶齡李濟深張瀾高崗當選副主席

中央人民政府委員會委員五十六人亦已選出

人民政協第一屆全體會議選出全國委員會委員

中央人民政府成立盛典今日在首都隆重舉行

中央人民政府委員會選舉手續極鄭重

毛澤東主席

李普同志为什么站得离毛主席这么近，能在贺龙、陈毅前面呢？因为他负责发消息，所以他一定要争取把毛主席手里的宣布中华人民共和国中央人民政府成立的公告尽快拿到手，他还听说毛主席当天凌晨还在改，讲话稿上有改动。他一想他要是站得远了，大典一散，毛主席跟大家一握手，被中央警卫局簇拥着一走，他再去找中办要公告就太费劲了。所以他就朝前排挪，反正那个时候大家刚从根据地进城，军民一致，官兵一致，上下也比较平等，他说着笑着就站在了比较靠前的位置，他说我就是为了大典一结束，几步就走到毛主席跟前，从毛主席手里把公告给要过来，因为要发得迅速、准确。

我父亲关于开国报道的第一篇通讯《“中国人从此站立起来了”》，标题引自毛泽东主席的开幕词中一句话；通讯的最后一句——“让那些内外反动派在我们的面前发抖吧”（毛主席在大会开幕词中语）。一篇通讯特写，标题提炼自毛主席的话，加了引号；

文尾引用了毛主席的话，也加了引号，还打了一个括号，说明是毛主席在大会开幕词中语。那个时候的新闻工作就是这么严谨，就是这么准确。

对于开国报道，在辽宁与同志们交流时看到了当年的《东北日报》，在上海座谈会上看到了《解放日报》，版面都很丰富。我还是以手边的《人民日报》为例吧。大家可以看到，10 月 1 日、2 日中央机关报的报面上，刊发了包括林韦、江夏、柏生、金凤等众多记者采写的通讯、特写、侧记，等等。应该说是全面动员了编辑部力量，记者们在天安门城楼，天安门广场，大学生游行队伍里，空军受阅部队飞机上……天上地下，现场外围，用今天的话说，作了全方位报道。当然，在幕后默默无闻的还有夜班编、印、发等各环节同志们的共同努力。那个时候，党的新闻工作者就是这样地忠于事实，最终，也就忠于历史，为国家为民族留下了中华人民共和国开国的宝贵记录。

当我们回顾那段历史，可以得出这样的结论：历史是昨天的新闻，新闻是明天的历史；历史是新闻的积淀，新闻是历史的瞬间。新闻工作者记录这些重大事件，当时发生着的事实，他们实际上也就记录了历史的瞬间。他们追寻着事实发生的轨迹，已经跟踪了历史的足迹，当时并不知道自己后来成为记录中华人民共和国诞生的那一段非常珍贵的历史的著名记者。当时他们就是忠诚地完成组织上交给的任务，因为这个任务非常光荣、艰巨，机会非常难得，而现场采访记者额度又非常少。

还要看到，不是所有被记录下来的新闻都可以构成一个国家和民族的信史。新闻可以是对重大事件的严肃记录，也可以是关系到

老百姓生活点点滴滴的记录，但都应该是负责任的，是能够真实地记录那个时代的。我想，一个人从事任何职业，特别是从事和文化有关的职业，总会想要留下一些东西，真实的记忆，深刻的记忆，精神文化层面的记忆。而作为新闻工作者，应当有一份责任，也要有一点压力，要想到自己笔下的新闻，应该能够成为人民共和国未来信史的可靠依据。如果能留下这一笔，我们就担负起了社会责任，完成了历史使命。

（原载人民网 2011 年 2 月 25 日）

人民日報

人民日報

十八位代表發言 堅決擁護三草案

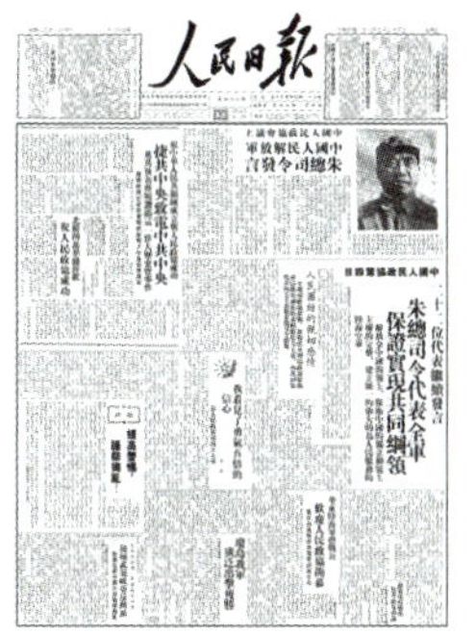
人民日報

朱總司令代表全軍 保證實現共同綱領

人民日報

寧夏省會銀川解放

人民日報

中國人民政協全體會議重大決議
通過中國人民政協組織法
通過中央人民政府組織法
國都定於北平改名為北京
國旗國歌及紀年均已確定

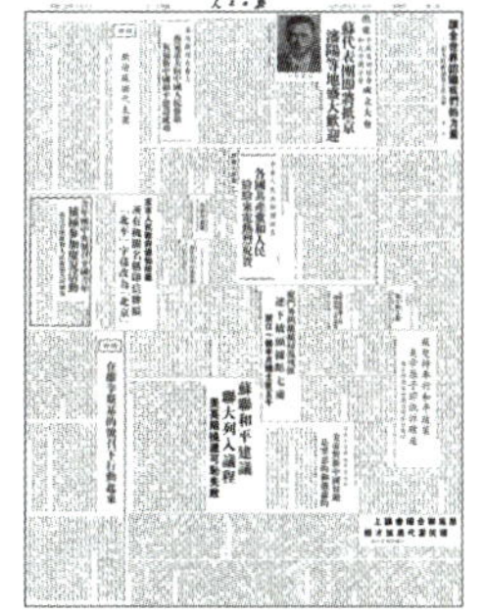

“中国人从此站立起来了”

——中国人民政协第一届会议特写

◎ 李　庄

“占人类总数四分之一的中国人从此站立起来了。”毛主席在中国人民政治协商会议的开幕词中说：“我们团结起来，以人民解放战争和人民大革命打倒了内外压迫者，宣布中华人民共和国的成立了。”

这是人民民主新中国开基立业的盛典。这个盛典是 1949 年 9 月 21 日，在人民首都北平举行的。毛主席宣布这个盛典正式开幕，乐队立即奏起《人民解放军进行曲》，礼炮在会场外隆隆齐鸣。这是胜利的声音，我们在艰苦的斗争中深深地懂得，胜利是不容易得来的。中国共产党成立了二十八年，人民解放军建立了二十二年，从开始到现在，一直领导全国人民，和国内外的敌人艰苦地战斗着。这二十多年，使青年变成中年，中年变成老年，多少烈士为革命而英勇牺牲了，但是，人民终于胜利了，打出了一个人民民主的新中国。于是全国人民表示竭诚拥护共产党、毛主席和解放军，全场代表也毫无例外地热爱、尊敬共产党、毛主席和解放军。中共代表团在大会上，成为党派代表的首席。毛主席进入会场时，全场起

立鼓掌达两分钟之久。他的开幕词经常为热烈的掌声所打断。人民解放军的代表——战斗英雄李国英、魏小堂、魏来国、刘梅村被选入主席团，他们登上主席台时，全体代表热烈鼓掌欢迎。陈毅将军讲话时，“代表中国人民解放军全体指战员表示无条件拥护人民政协大会”，他说：“中国人民解放军随时准备着，听候中央人民政府的调遣，为消灭残余敌人和保卫新中国的独立自由而奋斗到底。”人们热烈地鼓掌，感谢新中国的坚强保卫者，深庆人民政协得到了这个可靠的柱石。

人民日報

全國人民團結一致！堅持人民民主專政！團結國際友人！

慶賀中華人民共和國的成立！慶賀中國人民政治協商會議的成功！

中國人民政協第一屆會議上

毛主席開幕詞

人民解放戰爭和人民大革命勝利

中華人民共和國開國盛典

中國人民政協開幕

毛澤東主席宣佈會議任務：

毛主席等八十九人當選為大會主席團

社論

舊中國滅亡了，新中國誕生了！

「中國人從此站立起來了」

宋庆龄先生在会上讲话，她说，人民政协的成立“是一个历史的跃进”。真的，从去年“五一”中共提出召开没有反动分子参加的政治协商会议的号召以来，到现在只有一年又四个多月的工夫，时间不长，中国的情势却大变了。人民解放军神速地胜利进军，全中国的优秀人物都涌向解放区，涌向中共中央所在地的北平。中共的领导加上全国民主力量的团结，使得革命胜利了，人民政治协商会议召开了。会场的一切，都反映了这种真实的情况。

宋庆龄、何香凝、张澜、黄炎培、高岗、李立三、赛福鼎、

张治中、程潜、司徒美堂等先生讲话时，一致赞扬中共与毛主席的英明领导，坚信全体人民一致团结，共同奋斗，人民新中国一定建设成功。看吧！在主席台上，悬挂着孙中山、毛泽东的巨幅画像，巨像中间是人民政治协商会议的会徽。会徽正面为一地球，地球中间是一幅红色的中国地图。地图上面有四面红旗，象征四个朋友，地球左右饰以麦穗，地球上面饰以车轮，麦穗与车轮表示着农民和工人，车轮中间缀以红色五角星，象征着工人阶级的领导。整个会场是这个会徽的具体表现。六百多位代表，包含了中国人民民主统一战线中各阶级、各民族的代表人物。党派代表的席位在主席台右前方，中共代表位第一排，毛主席为首席。主席台左前方为部队代表的席位，人民解放军总部位第一排，朱总司令为首席。解放军后面是特邀代表，区域代表和团体代表的席位在党派和部队代表的两旁。大会济济一堂，真是空前的民族大团结。阶级的团结、民族的团结已经从人民政治协商会议的共同纲领上充分地表现出来了，即以年龄而论，也同样说明了这种情况。何香凝和廖承志母子两人，都是政协的代表。萨镇冰已经九十二岁了。中华全国学生联合会的代表晏福民，只有二十一岁，还不及前者的四分之一。大家团结起来一起奋斗，这就保证了在怀仁堂举行人民新中国开基立业的大典，封建帝王和蒋家小朝廷的宫殿变成人民的议事厅。

人民把会场布置得朴素而壮丽。会徽后面衬着杏黄色的幕布，在中国，这种颜色是象征庄严与伟大的。会场照明全用水银灯，一个接着一个，两廊下排着红色宫灯。新华门油漆一新，鲜红夺目，两边竖着八面红旗。门下挂着巨大宫灯。这一切，都给人们一种富有生命力的印象。中华民族本来是富有生命力的民族，过去被帝国

主义、封建主义、官僚资本主义束缚着不能发展，现在真正解放了，相信不要很多时候，新中国就会建设得很好。各方面送给大会的贺幛中，充满了这种赞美与自信。民主朝鲜全体华侨送给大会的贺幛上，精致地绣着彩色的毛主席像，绣像的背景是中国共产党的党旗，还有一座工厂和几部拖拉机。旗上还绣着“庆祝新中国诞生，在毛泽东旗帜下前进”的字。这幅图案表示：工业的中国，独立、自由，富强的新中国在向我们招手了。

全世界的进步人士都在注意着我们，向我们欢呼庆祝。国内外的敌人也许在阴暗的角落里正对我们诅咒着。但是，我们有力量，有信心，“让那些内外反动派在我们面前发抖吧！”（毛主席在大会开幕词中语）

（原载《人民日报》1949年9月22日）

艰苦斗争的成果

——记人民政协第一届全会第二天

◎ 李 庄

昨天为“秋分”前一日，已是仲秋天气，该穿夹衣了。但在人民政协的会场上，电扇却始终转动着。会场周围的电灯，起初放散着淡黄的温暖的光芒，以后改开日光灯，颜色变成青白了。人们的心和天气一样地温暖，会场的空气在平静中透着紧张。昨天的议程是报告人民政协筹备的经过，报告政协组织法、中央人民政府组织法和人民政协共同纲领这三个历史文件的起草经过。这是中国人民流血流汗艰苦斗争的成果，每一个好心的中国人，都在热烈欢迎它们的产生，坚决保证它们的实现，亲手参加起草这些文件的代表们，能不感到特别的亲切么？

胜利是经过长期斗争得来的。为了把胜利恰当地写在人民中国的大宪章上，代表们采取了极为恰当的态度和步骤。如果要用几个字概括起来，那就是：民主、团结、严肃、负责。

中共中央在去年“五一”提出召开人民政协的伟大号召。消息如野火飞传，迅速遍于全国和海外。响应的通电雪片飞来，各方民主人士络绎抵达解放区，各民主党派和全国人民都团结在“人民民

主专政”的旗帜之下了。去年11月25日，中共中央的代表和已经到达哈尔滨的民主人士，商讨成立新政协筹备会及新政协的性质任务等问题，获得了共同的协议，大家一致承认中共的号召为全国人民团结奋斗的共同基础。至今年6月15日，新政协筹备会在北平宣告正式成立。

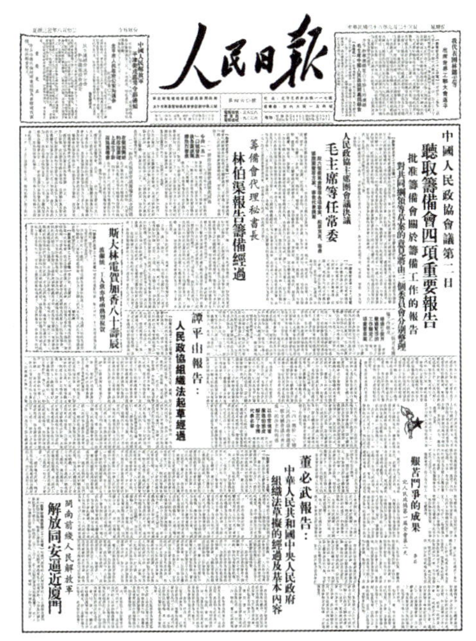

人民日報

中國人民政協會議第二日
聽取籌備會四項重要報告
批准籌備會關於籌備工作的報告

人民政協主席團會議決議
毛主席等任常委

籌備會代理秘書長
林伯渠報告籌備經過

斯大林電賀加香八十壽辰

譚平山報告：
人民政協組織法起草經過

董必武報告：
中華人民共和國中央人民政府組織法草擬的經過及基本內容

艱苦鬥爭的成果

閩南前綫人民解放軍
解放同安逼近廈門

筹备会用了近三个月的工夫，拟订了参加人民政协的单位、名额和人选名单。为研究某一个代表适当与否，各方面函电往返，再四斟酌，有费时达数周之久的。哈尔滨协议中规定，不许任何反动分子参加人民政协，所以确定名单，实为一件极其严肃的事业。名单终于在反对帝国主义、反对封建主义、反对官僚资本主义，建立人民民主共和国的原则下拟定了。一件巨大工程圆满完工。代表们细心地听完了林伯渠关于政协筹备工作的报告，热烈地鼓掌致贺，一致举手，全体通过。

人民政协共同纲领的产生，同样经过了非常慎重的努力。筹备会负责草拟纲领的小组曾经讨论过三次，大会开会前已到北平的人民政协代表讨论了两次，筹备会常委会也讨论了两次，始成最后的

草案。可以说，各方面应该集中的意见都集中起来了。广泛的民主铸成了新中国的大宪章。

人民政协组织法草案也是反复研究，慎重讨论的结晶。负责起草这个文件的第二小组就开过四次会。先交换意见，拟成讨论提纲，再按照提纲，研讨政协组织的基本原则及政协的性质、职权与政府关系等问题。这时在小组内组织了起草委员会，开始着手起草。初稿完成，又广泛征求各方意见，一再修改，在小组会上讨论、整理后，始提请常委会第四次会议通过。小组最后召开了第四次会议，整理了文字，提请筹备会第二次全体会议原则通过，成为现在的草案。中央人民政府组织法的产生过程，和上面几个文件大体相似。起草小组开过三次会，小组推定的五人起草委员会也开过三次会，还特别征询了专家的意见。政协第五次常委会讨论修改了文字，送请筹备会第三次全体会议原则通过。在这次大会上，将要最后研究与批准它，从而产生中华人民共和国的中央政府。

和前天一样，昨天的会议顺利地完成了各项议程。可以预期，大会一定会胜利成功，因为会前的准备工作做得十分周全。事先充分准备，慎重协商，取得完全一致的意见，这是人民政协会议一个显著的特点。

（原载《人民日报》1949年9月23日）

团结一致，建设新中国

——人民政协第一届全会第三天特写

◎ 陆　灏

让全世界都知道我们团结的力量。

中国人民的代表在政治协商会议上表示的团结，昭示着新的中国灿烂辉煌的前程。中国人民政治协商会议组织法草案、中华人民共和国中央人民政府组织法草案和中国人民政治协商会议共同纲领草案三个伟大历史文献，集中了全国人民的意志，每一个字闪烁着人民的希望和理想，中国人民由此得到了建设新中国的无穷无尽的力量。

越是在胜利中，越是在快乐和欢跃的时候，人们对于前线艰苦作战流血牺牲的英雄们，更显得无限的怀念。当刘伯承将军表示第二野战军正在与全国野战军兄弟部队协同作战，保证一定能够彻底消灭西南、华南的残敌的时候，当粟裕将军谈到当于最短时间，歼灭舟山群岛和福建的敌人，尽一切努力于短时间内完成解放台湾的任务的时候，掌声犹如波涛翻腾，这些话，特别为代表六百七十万台湾人民的台湾代表和其他待解放区的代表听到，他们的掌声显得格外热烈，心情也格外关注。当强盛的、幸福的新中国已经来到，

人们对于那残留的黑暗自然就格外厌恶，对于胜利的期待也就更加迫切了。

迫切地欢迎新中国的诞生，是全国人民一致的要求。刚从绥远回来的特邀代表傅作义将军也是如此，因此，在绥远，蒋介石打电报给傅作义将军还想拖他走历史的回头路，但傅作义将军坚决拒绝了他，赶回北平参加政协会议。在会上，傅作义将军说他高兴极了，大声地喊着毛主席朱总司令万岁，这种情形应该让蒋介石知道。这就算是傅作义将军给他的回答，这也表示团结的力量在不休的增长。

全国各阶层人民团结在三个伟大历史文献的周围，每一个人都有光辉的前途。我见到了各民主党派的紧密的团结，我听到的各方面代表的发言，都是对于新中国忠诚的宣誓。人民政治协商会议共同纲领草案六十条条文，其中有十六条是有关经济的，中央人民政府组织法草案里面，三十一个部门有十六个是属于财经方面的，新的国家如此重视经济建设工作，这给民族工商业家带来了广阔的道路。共同纲领草案关于新民主主义的，即民族的、科学的、大众的新中国教育方针，教育工作者表示愿意以培养千万个新中国的建设人材的实际行动拥护这三个伟大的文献。文艺界代表则郑重宣告：全国文艺工作者一定全心全意拥护三大文件，尽最大努力，用各种文艺形式，对全国人民进行宣传和教育。自然科学工作者首席代表梁希所说的苏联心理学家巴甫洛夫的故事，使人们回想到十月革命以后，年青的社会主义国家遭受十六国武装干涉和饥荒的痛苦，那时候的巴甫洛夫，在实验室旁，自己种菜，喂养他实验所用的动物，家离研究室十二公里，以七十高龄天天骑自行车往返奔跑，列

宁托高尔基照顾他的生活，但巴甫洛夫辞谢了政府对他个人的资助。这种崇高的克己的精神，对于我们每一个人，都是一个很好的榜样。在这方面，粟裕将军也发表了动人的意见。他说："我们当想尽办法，克服困难，以维持最低生活为满足，并以'多贡献，少享受'为我们革命军人无上的光荣。"愿为人民服务的一致目标，就是我们永远团结的保证。

提交大会通过的三个历史的文件保证了全国人民的团结，全国人民的团结，必将保证我们伟大祖国的飞速前进。我们新中国建设工作有了这三大文件的基础，一定会像代表陶孟和先生所说的一样："我们应该努力在二十年里走完人家在二百年里所走的长路。"

（原载《人民日报》1949年9月24日）

新纪元开始了

——记政协代表关于国旗国都纪元的讨论

◎ 李　庄

中华人民共和国就要成立了。怎样把我们伟大祖国的性质、精神在国旗上恰当地表现出来，是全国人民和政协代表热切关心的问题之一。昨天，政协代表分组开会，讨论政协筹备会第六小组提出的关于国旗、国都、纪年的意见。第六小组并专门召开会议，集中各组讨论的结果。政协筹委会编印了一本《国旗图案参考资料》，上面有三十八种国旗草案。各组认为其中第一图较好和可供参考的有一百一十二人，认为第二图较好和可供参考的有七十七人，认为第三图较好和可供参考的有一百八十五人。这三幅国旗草案，都是红底，黄星，加一黄条。红色象征革命，星象征中共和解放军，黄条象征黄河，黄河是我们中国经济文化的发祥地。虽然星、条的大小、位置、长短、宽窄不同，但意思是一样的。把上面三个人数加起来，赞成前述意义的，已达政协代表的过半数。《国旗图案参考资料》中的三十八种图案，旗底均为红色。其中三十一种图案的设计者，都说明自己的图案上的星是表示中共与解放军的。这是铁一样的事实，这是全国人民的意向！共产党领导了胜利的中国大革

命，新中国的旗帜就要出现在世界之上了。

人民日報

慶賀中華人民共和國的成立！
慶賀中國人民政治協商會議的成功！

聯合廉價一星期

中國人民政協會議第三日
十八位代表發言
堅決擁護三草案
全體代表分組討論國旗及國徽圖樣

蘇聯各報及歐洲進步報紙
歡迎中華人民共和國誕生

各方賀電

團結一致，建設新中國

新紀元開始了

毛主席朱總司令
宴程潛張治中等

中共中央委員會
歡宴意共中委斯巴諾

中華全國學生聯合會
電國際學聯理事會致賀

廈門外圍再克三城
閩南要衝漳州解放

自从政协筹备会发起征求国旗图案以来，为时不久，应征的图案即达两千九百九十二幅。投稿者包括工人、农民、教授、教师、学生、作家及其他自由职业者。还有从辽远的美洲寄来了二十三幅。全国人民和海外华侨是多么热烈拥护自己的革命政权，对于代表自己国家的国旗，踊跃地发表了自己的意见。旧的代表国民党反动派的所谓国旗，在世界上是屈辱、无能的象征。现在，让它随着国民党反动派的彻底灭亡而灭亡吧！远在国外的侨胞，可以在即将决定的新国旗的照耀下挺起胸脯来了。

我在上午参加旁听了一个包括四十八个代表的小组会，代表们先后发言二十余次，讨论非常热烈。发言的基本精神只有一个，即如何把人民新中国在国旗上表现得更好些。有四五位代表发言提出：“国旗要大众化，使每个老百姓都能制作。”新中国是属于人民的，人民的代表考虑任何问题，都要时时刻刻想到老百姓，这种精神和作风，将是人民政权的主要基本特点。

第六小组晚间汇报各组代表讨论结果时，发现参加讨论的代表

们毫无例外地同意建都北平，并把北平易名北京。北平位于华北老解放区内，人民力量雄厚。邻近东北重工业区，便于发展工业。文物集中，交通便捷，具备着现代大国首都的各种资格。全国人民同样关心人民首都设在哪里。有些代表提出：北平毗邻天津，出海方便，航空交通四通八达，而且建筑雄伟，气象万千，应该把这些条件加在建都北平的理由之内。江西省人民政府邵式平主席向政协转来一封隐名氏的信，信中提议建都西安、重庆或成都。这位隐名氏用了二三十张纸申述了自己的理由。理由合适与否，这里不来说它，但其关心这个问题的热忱，是非常感人的。

人民共和国如何纪年？绝大多数参加讨论的代表都主张采用现代世界大多数国家公用的纪年制度，如今年即称 1949 年。因为新民主主义的创立，在中国历史上是一个划时代的大变革，不宜再沿用中华民国的纪元。有两三位代表不同意改用这种纪年办法，坚持请分组讨论时的召集人把自己的意见反映到第六小组中，各召集人都按照他们的请求办到了。尊重少数人的意见，正是我们提倡的民主协商的作风。

（原载《人民日报》1949 年 9 月 24 日）

我看见了勇气百倍的信心

——记人民政协第四天大会

◎ 李　庄

在昨天的大会上，我看见了代表们融洽无间的团结；更看见了代表们勇气百倍的信心。团结在共产党、毛主席的周围，发言的代表一致保证：一定要把新中国建设好。

代表们以狂热的心情、狂热的掌声迎接朱总司令的发言。朱总司令一连说了三次“我向大家保证”：保证把革命战争进行到底，解放全中国的领土，保卫中国的独立和领土主权的完整，保卫中国人民的革命成果和一切合法权益，建立一支统一的现代化的国防军，保卫我们伟大的祖国和人民。几十年来，多少凶恶的敌人都被我们的解放军打败了，绝非常人所能忍受的困难都被我们克服了。张云逸将军说：华南解放军在蒋匪敌后坚持了二十年的游击战争，现正积极配合南下人民解放军作战，解放全华南。华南解放区首席代表连贯说：华南人民正在多方准备，迎接南下的解放大军……三位代表的发言构成一幅壮丽的图画。在几千里的战线上，我们正在追逐败退的敌人。在不久的将来全中国解放的时候，几百万大军雄峙在人民祖国漫长的国防线上，让那些帝国主义者们蹲在大洋的

彼岸，烦恼、焦急，悄悄地死去吧！

工人阶级从来是“吃得苦，做得多”的。特邀劳动英雄代表刘英源在大会上介绍了许多工人阶级的模范事迹。天津中纺三厂的青年工友，在敌人还拿着武器的时候，敢于挺身出来，解除三十多个敌人的武装，保护工厂不受丝毫损失。解放以后七天，就使工厂全部复工了。鞍山炼钢厂解放以后，很快地变了样子。职工们七个月修复了两部炼钢炉，在国民党占领时，二十一个月只修好了一部。刘英源说：“一到我们劳动人民真正作了自己国家的主人，我们就把祖国的前途当作自己的生命一样来爱护。”刘英源把三大草案说成是“保护我们劳动人民的大宪章”，“劳动人民一定要在中国共产党、毛主席领导之下，与全国各民主爱国阶层团结一起，共同奋斗”。他的讲话博得雷动的掌声。因为，人们都已深深地体验到，有了工人阶级领导，什么都会有办法。

张难先代表在会上发表了热情洋溢、简短有力的演说。张老今年已有七十六岁的高龄，饱经沧桑，阅历丰富。他那个组里有几位七八十岁的老人，数十年来始终不愿参加什么政治性的会议。但是这次“召开的人民政治协商会议，大家都欢欣鼓舞，不顾衰老，毅然参加”了。全场热烈鼓掌庆贺这些久历事变的老人，也可以说是庆贺人民政治协商会议的本身。这些老人选择了几十年，现在真正选对了。张代表说：“就这几位老先生之参加看来，真可以代表全国人民心悦诚服地拥护人民政府。”大团结给人们增加了大信心，即将成立的人民中央政府，会保证这些老年人在民主、自由、愉快的空气中，度过他们的晚年。

新中国给远在国外的侨胞带来了最大的信心和希望。陈嘉庚代

表说：华侨的居留地不是资本主义国家，便是他们的殖民地。侨胞受到与日俱深的歧视、凌虐和迫害，渴望祖国的独立、强盛最为殷切。人民政协的共同纲领，特别是其中的民族政策与外交政策，可以保证把侨胞从现在的悲惨境遇中解放出来。因此，陈先生“代表海外华侨民主人士以及爱国侨胞，对于三个草案愿意无保留地接受”，并“努力促进实现”。陈其尤代表说：“华侨对于祖国的民主革命，素来努力。且其力量雄厚，未可轻视。”现在，侨胞的雄厚力量可以充分发挥出来了，他们有了真正的祖国，祖国的宪章上已经写明了，要保护侨胞的合法权益。

少数民族、学生、妇女、文人、自由职业者的代表发言时，也都向大会作了保证，保证彻底实现三大草案，把新中国建设得强盛而美丽。许多代表从自己过去的经验、当前的要求、未来的希望解释三大草案，都是歌颂赞扬，欢呼庆祝。这些草案代表了我国全体人民，当然也就代表了其中任何一部分人。大家从不同的角度出发，万众同心，得到了统一的结果。许多代表讲完了话，都高呼“中华人民共和国万岁”，“共产党、毛主席

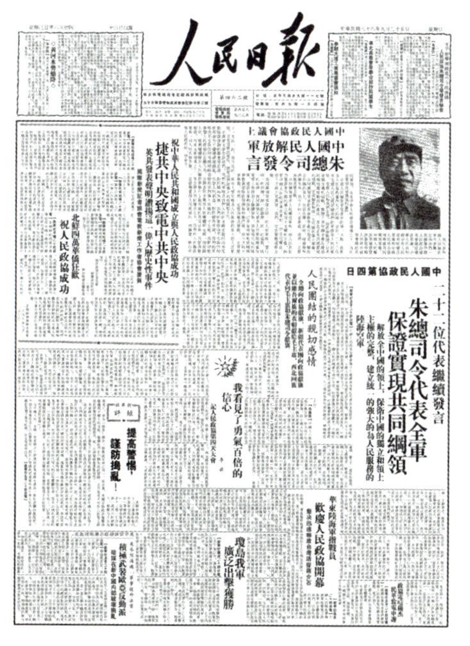
人民日報

中國人民政協會議上
中國人民解放軍
朱總司令發言

祝中華人民共和國成立與人民政協成功
捷共中央致電中共中央

北鮮四萬華僑狂歡
祝人民政協成功

中國人民政協第四日
二十二位代表繼續發言
朱總司令代表全軍
保證實現共同綱領
解放全中國的領土，保衛中國的獨立和領土主權的完整，建立統一的強大的為人民服務的陸海空軍

人民團結的親切感情

我看見了勇氣百倍的信心

提高警惕，謹防搗亂！

華東陸海軍指戰員
歡慶人民政協開幕

瓊島我軍
廣泛出擊獲勝

万岁”，这是完全自然的。有了毛主席的英明领导，有了全国人民的信心和努力，“建国大业必然成功，已是千真万确的了”。

（原载《人民日报》1949 年 9 月 25 日）

热爱领袖，嘲笑敌人

——记人民政协第五天大会

◎ 李 庄

在人民政协第五天大会上，许多代表无情地嘲笑了中外反动派。郭沫若发言时，以诗意深浓的句子说：我们“对于美帝国主义不存丝毫的幻想，也不存丝毫的恐怖。美帝国主义这只纸老虎已经戳穿了。我们今后还要继续努力地戳，戳得它遍体鳞伤，不成形状”。昨天发言的二十位代表中，有四五位起义将领。他们也一致地嘲笑了国民党反动派及其头子蒋介石。陈明仁说，“蒋介石不仅是不革命”，而且“是人民的公敌”，他说，“我当然要打倒他”。

我们的战士最会嘲笑敌人，他们说蒋介石这个“运输队长”的运输任务已近全部完成，他已经在国外找了不少房子，想去做“白华”了。

打败了敌人，剩下的事情是建设。朱学范发言，保证“为彻底实现全部共同纲领，特别是纲领中全部经济政策而奋斗”。薄一波代表华北六千七百万人民，竭诚拥护人民政协的共同纲领，他向大会保证，“在两年内把农业生产全部恢复到战前水平”，“争取在五年到十年内，有计划有步骤地恢复并改组华北的工业生产”。政协筹

人民日報

中國人民政協第五日
郭沫若等代表發言
一致擁護三大文件

電毛主席祝賀

英共助理書記馬修斯
函謝毛主席對波立特的祝賀

寧夏省會銀川解放
反動軍隊分別要求投誠
彭副總司令本寬大精神覆電接受
我軍進入廣東解放南雄

甘肅北部克山丹民勤
隴西南解放夏河縣城

中國人民政協第二日會議上
周恩來報告共同綱領草案
起草的經過和綱領的特點

塔斯社聲明
蘇聯早已有原子武器
仍信守無條件禁用立場
杜魯門等散播驚恐毫無根據

參加十月二日和平示威

熱愛領袖，嘲笑敵人

备会第六小组向大会建议定北平为首都，把“北平位于华北老解放区内，人民力量雄厚”列为重要理由之一，老解放区愿为新中国的建设贡献更多的力量，新解放区愿向老解放区学习，不久中国全部解放，大建设可以稳步前进了。

多少代表都表示愿意在不同的岗位上，为共同目标的实现而努力。每个人都尽力把自己岗位的事情做好，这就是最好的配合。中国民主促进会首席代表马叙伦说：“我们民族资本家的利益与国家民族的利益是分不开的，所以必能依据共同纲领的经济政策，合力建设工业化的新中国。”上海各人民团体的两位代表一致嘲笑了敌人的封锁。在敌人还保持统治的时候，我们和他们斗争，“一个人倒下去，千万个人站起来”，终究把它打倒了。现在，敌人小丑跳梁，回光返照，我们“还怕什么”？

在昨天会场上，人们看见了两种鲜明对照的情绪：对敌人说不尽的嘲笑和痛恨，对人民领袖说不尽的热爱和关心。内蒙古人民代表和穿着彩色蒙装的两位蒙古族少女，向人民政协、毛主席及朱总司令献花。代表并致祝词，对毛主席说：“我们像热爱冬天的太阳

一样热爱着您。”北平民主妇联筹委会也向毛主席献花，北海托儿所六个孩子稚气而天真地走到主席台上，把鲜花送给毛主席。毛主席弯下身子，和孩子们认真地一一握手。这时乐声大作，一片温暖的气氛感动着在场的每一个人。幸福的孩子们，你们找到最好的保护者了。

（原载《人民日报》1949 年 9 月 26 日）

未来是属于我们的

——记人民政协第六天大会

◎ 李 庄

一个年轻、强健、富有生命力的共和国在世界的东方诞生了。全中国与全世界的人民，都在赞美与庆贺我们伟大的祖国。昨天——1949 年 9 月 27 日，在共和国国都北京，人民政协通过了《中国人民政治协商会议组织法》《中华人民共和国中央人民政府组织法》，还通过了我们的国旗、国歌、国都和年号。每一个参加会议的人，终生都不会忘记那六次“举手通过”的庄严盛事。当时人们热情沸腾，水银灯和日光灯明如白昼，会场上充满了信心与希望、力量和光明。每一个议案通过时，代表和来宾一致热烈鼓掌，庆贺胜利。摄影机把各个重要场面都摄入了镜头，让我们的后代儿孙，看看他们的先人是如何开基立业吧！他们会珍爱所得的遗产，使之发扬光大。

在昨天的会场上，升起了新中国的国旗。红底黄星，庄严美丽。它是我们中国人民革命大团结的象征，在世界上，它会代表着伟大与光荣。每一个“身在异邦，心在祖国”（昨日华侨代表向毛主席献词中语）的侨胞，从此可以扬眉吐气了。《义勇军进行曲》

在正式国歌未制定时，即为我们的国歌。十几年前，它鼓舞了全中国人民的战斗热情，今后，它将鼓舞我们继续胜利前进，建设一个幸福的新国家。两个标志民族团结的“组织法”都是全体一致通过的，没有怀疑，没有保留，表现了万众如一，同心同德——为共同目标的实现而奋斗。

对于我们的远大未来的坚强信心，同样表现在昨天的各单位代表发言中。昨天共有二十五位代表发言，其中有七位少数民族代表：维吾尔族、彝族、黎族、朝鲜族、苗族、高山族和藏族。我国有些少数民族，在共产党领导下已经解放了。朝鲜族代表朱德海说：东北有一百二十多万朝鲜族人民，他们参加了打垮蒋介石匪帮对东北的进攻，实行了土地改革，分得了胜利果实，他们培养了六千多民族干部，开设了一千多所学校，还创办了民族的报纸。他们“获得了彻底的大翻身”，他们幸福了，他们饮水思源，高呼“毛主席万岁”。

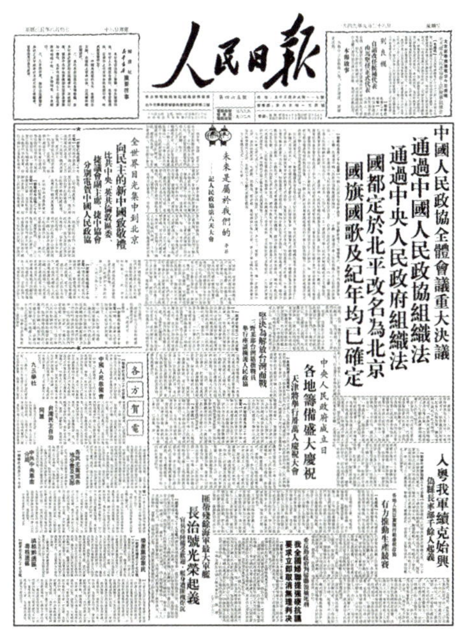
人民日報

中國人民政協全體會議重大決議
通過中國人民政協組織法
通過中央人民政府組織法
國都定於北平改名為北京
國旗國歌及紀年均已確定

未來是屬於我們的
——記人民政協第六天大會

全世界目光集中到北京
向民主的新中國致敬禮

各方賀電

中央人民政府成立日
各地籌備盛大慶祝
天津將舉行廿萬人慶祝大會

入粵我軍續克始興

長治號光榮起義

但是，我国的大部分少数民族还处在蒋介石残余匪帮的压迫中。热望毛主席的队伍去解放他们。十几年前，毛主席、

朱总司令率队北上长征，走遍苗人区域。民族团结的温暖，至今使他们记忆犹新。中国人民时刻记挂着在横断山脉的丛林峻岭中，不断地与自然界的野兽（豺狼虎豹）和人间的野兽（蒋介石匪帮）斗争着的彝族人民；时刻惦记着居处台湾深山中，被敌人惨杀得只剩了二十余万人口的高山族人民；以及还没有解放的藏族、彝族等各族人民。他们期待解放如久旱望雨。天宝在发言中，保证藏族同胞会“配合人民解放军，驱逐帝国主义和它的走狗们”。他高呼：“把解放的旗帜插到喜马拉雅山巅！”他说要把三大文献迅速传播到藏族广大人民的中间去。

在过去，我们没有空军和海军。我们用木船、竹筏渡过浩瀚的黄河和长江，我们的地面部队击落了蒋介石不少飞机。现在，我们的空军和海军已经逐渐由无到有，慢慢就会由小而大了。国民党军中有良心的海空军人员，他们正在向光明集中，陆续脱离反动阵营，走入人民的怀抱。今年以来，国民党“黄安”、“重庆”、“长治”等军舰和第二舰队起义了，林遵在会上发言时说：“觉悟的海军军人，一有机会，是会跟着革命潮流走的。”多少起义的海军人员正在加紧学习，以便建设中国人民海军。邓兆祥说：“我敢保证海军学校全体一定遵照朱总司令前天在大会的指示，切实去执行。”刘善本第一个驾机起义，勇敢地飞到延安。他在会上表示“愿意终身服务于人民空军”，“为建设一支强大的为人民服务的空军而奋斗”。张学思代表中国人民海军发言，表示一定在毛主席、朱总司令领导下，建设一支强大的人民海军，配合空军，协助陆军，解放台湾、解放海南岛。他

们的发言都充满了一种坚强的信念，因为我们会创造，有办法，未来是属于我们的。

（原载《人民日报》1949年9月28日）

让全世界认识我们的力量

——记人民政协第七天大会

◎ 李　庄

昨天，人民政协在郑重而顺利的气氛中度过了议事日程的第七天。人民政协的共同纲领正式通过了。

通过共同纲领时，章乃器任执行主席。周恩来代表主席团常委会对纲领草案作了一些必要的说明。当主席征求“代表们还有什么意见”时，没有人发言，会场静悄悄的。一刹那间，会场响起一阵如雷的掌声。主席再问大家对纲领有什么意见，还是没有人发言，还是如雷的掌声。他第三次重复发问，所得结果依然相同。谁心里都清楚，共同纲领代表了全国人民的希望和要求，体现了每一位代表的心愿和意志，除了赞美拥护以外，还有什么意见好说呢？共同纲领先后拟制了三个多月，经过反复研究，字斟句酌，已是尽善尽美，完整无缺了。所以，当执行主席章乃器提出“赞成的请举手”时，六百多位代表，几乎是同一时间举起手来。全场没有一人投反对票与怀疑、弃权票的。大会执行主席至此宣布：“共同纲领全体一致通过。”会场上立刻爆发了持久的海潮一样的掌声。毛主席举手齐额，热烈鼓掌，一直坚持到最后。一百多年以来，特别是最

近三十年以来，无数志士仁人为革命艰苦奋斗，几百万烈士以自己的鲜血培育了胜利之花，这朵光荣的鲜花，今天终于结果了。中国人民必将永恒记忆着不朽的烈士们，遵照共同纲领的规定，建设我们伟大的国家，把革命进行到底。

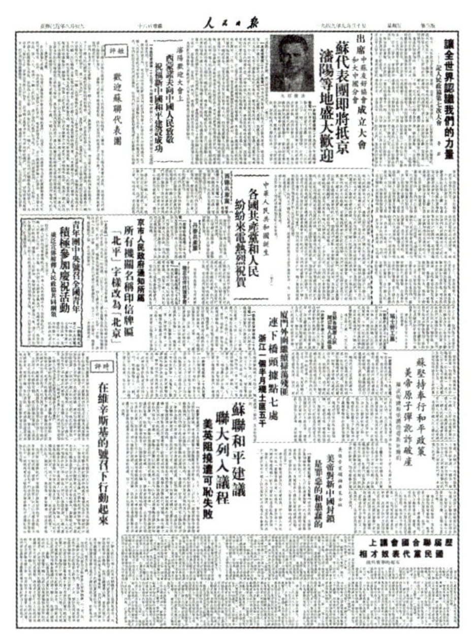

人民日报

讓全世界認識我們的力量
——記人民政協第七次大會

出席中蘇友好協會成立大會和大中國分會
蘇代表團即將抵京
瀋陽等地盛大歡迎

瀋陽歡迎大會上
西蒙諾夫向中國人民致敬
祝福新中國和平建設成功

歡迎蘇聯代表團

中華人民共和國誕生
各國共產黨和人民
紛紛來電熱烈祝賀

京市人民政府通知所屬
所有機關名稱印信牌匾
「北平」字樣改為「北京」

青年團中央號召全國青年
積極參加慶祝活動

廈門外圍殲敵萬餘
連下橋頭據點七處
浙江一個半月殲土匪五千

蘇堅持奉行和平政策
美帝原子彈訛詐破產

在維辛斯基的號召下行動起來

蘇聯和平建議
聯大列入議程
美英阻撓遭可恥失敗

美帝對新中國封鎖
是罪惡的和愚蠢的

歷屆聯合國會議上
國民黨代表奴才相

中央人民政府副主席和全体委员的名额，全体一致通过了。人民政协关于选举政协全国委员会和中央人民政府委员会的规定，全体一致通过了。几个非常重要的提案，也是全体一致通过了。通过提案时，人们可以看到，代表们是这样热爱人民解放军，憎恨国民党反动派。

参加政协的全体女代表提议：以本届大会名义，通电慰问全体人民解放军及军属烈属，同时，并提议各地在庆祝中央人民政府成立之际，以军鞋、肉食慰劳解放军。在全国民主妇联招待出席政协的女代表的时候，大家就决定要提出这个建议。妇女们为了打败蒋介石，曾经向我们的祖国献出自己的丈夫和儿子。她们最懂得解放军和自己的关系。这个提议被全场毫无例外地通过了。在全国即将完全胜利的今天，感谢人民解放军正是人同此心、心同此理。有两

位穿西装的代表在散会后低声地交谈着：现在多慰劳解放军一些军鞋，是非常必要的。国民党残余匪帮跑得太快，他们可以光着脚跑。解放军跟踪穷追，一天不知道走多少路，得费多少鞋呀！我们发动大家多给他们做一些吧？

郭沫若、李济深、沈钧儒、李立三、黄琪翔等六位代表提了两个提案，郑重声明否认国民党反动政府出席联合国的代表资格。两个提案未经讨论，即由大会一致通过。这时会场的气氛极为郑重，郑重中还带着一种嘲讽的情绪。本来，蒋家小朝廷派遣了那么几个走狗爪牙，在太平洋彼岸狺狺而吠，其声也哀，原不值我们一顾。但是政协会作为我们伟大祖国的代表机关，在这新中国开基立业的时候，为了表示我们的尊严，却不得不作正义的声讨。让全世界听听我们的声音！全中国人民，全体人民解放军都是这个声音的后盾。

（原载《人民日报》1949年9月30日）

“庆贺中华人民共和国的诞生”

——记人民政协最后一天大会

◎ 李　庄

“庆贺中华人民共和国的诞生!”

“毛主席万岁!”

在昨天政协闭幕典礼上，朱总司令以上面两句有力的口号，结束了他的闭幕词。在闭幕词中，他郑重地说:“我们全体一致宣告了中华人民共和国的成立。”这时候，会场中各种灯光齐明，掌声，如急风骤雨。主席台上展开一幅巨大的国旗，鲜红中泛着金光;乐队三奏国歌，人们屏息凝神，鼓掌应和。一种说不出的激奋情绪弥漫会场。是欣慰?是感激?每一个经过长期艰苦斗争的人都是懂得的。我们出生入死，英勇奋战，究竟为了什么?就是为了人民的大翻身，为了一个人民共和国。现在，我们的理想已经变成了现实，我们的努力开花结果了。每一个爱国的中国人，都来为人民的胜利而歌唱吧!

选举中央政府委员会主席、副主席和委员时，刘少奇任大会执行主席。周恩来对于选举办法作了扼要的说明，刘少奇宣布:“到会有选举权的代表共五百七十六人。”如数发下选票后，在我们开

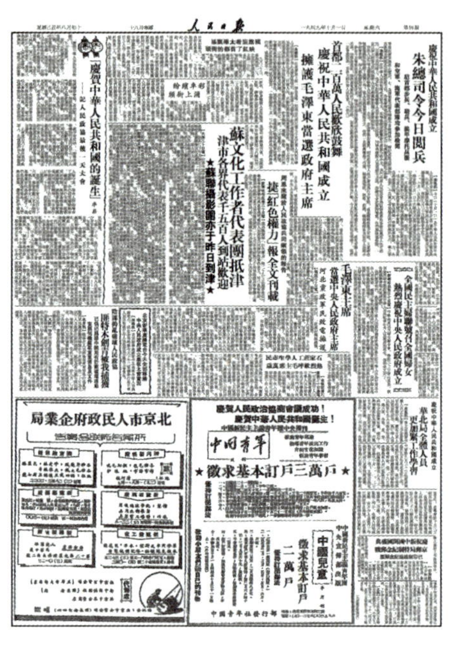

人民日報

慶祝中華人民共和國成立

朱總司令今日閱兵

首都三百萬人民歡欣鼓舞

慶祝中華人民共和國成立

擁護毛澤東當選政府主席

蘇文化工作者代表團抵津

津市各界代表千五百人到站歡迎

★蘇聯攝影團亦于昨日到津★

捷「紅色權力」報全文刊載

毛澤東主席

當選中央人民政府主席

全國民主婦聯號召全國婦女

熱烈慶祝中央人民政府成立

「慶賀中華人民共和國的誕生」

——記人民政協最後一天大會

華北局全體人員

更加緊工作學習

北京市人民政府企業局

慶賀人民政治協商會議成功！

慶賀中華人民共和國誕生！

中國青年

★徵求基本訂戶三萬戶★

中國兒童

徵求基本訂戶

二萬戶

国史中最庄严的仪式正式开始。每一个人经过一度深思，立刻在选票中表达出自己的希望。其实，代表们都是胸有成竹的。谁领导了中国的革命，谁把灾难深重的中国人民解救出来，谁一定被选为中央委员会主席。他会继续领导我们，永远走向胜利。

大会选出六十个代表作监票人。九个票箱由九个监票人监守着。监查人详细检查了票箱，小心谨慎地锁起来，钥匙交给执行主席，然后开始投票。整个过程是那么严肃认真，表现着政协会议自始至终的精神。毛主席仔仔细细写好了自己的票，在四时二十分整，把票投进第三号票箱。

从开票箱中检出五百七十六票，与发票数目完全相符。执行主席李立三说："有选举权的代表都投票了，我们的投票是有效的。"人们热烈鼓掌，庆贺投票手续的完美无缺。

七时三十分，执行主席刘少奇宣布选举结果。他一字一句地说："中央人民政府主席，毛泽东，五百七十五票。"全场代表一致起立，热烈鼓掌。乐队奏起"东方红，太阳升，中国出了个毛泽东……"的乐曲。代表们和着乐声的节拍鼓掌，其中并响着此

起彼伏的“毛泽东万岁”的口号声。乐声刚刚停止，有节奏的掌声又升扬起来。全场情绪沸腾，欢欣鼓舞。这是众望所归，每一个人都为自己投了伟大领袖一票而感到光荣、骄傲。刘少奇宣布：“中央人民政府副主席，朱德……”，会场又沸腾起来，《解放军进行曲》与掌声相和，十分雄伟有力。刘少奇又宣布：“中央人民政府副主席，刘少奇……”，“中央人民政府副主席，宋庆龄”……一直到宣布了五十六位政府委员的名单，会场上始终回响着阵雨一样的掌声。真的，中央人民政府主席、副主席和委员完满地选举出来了，政协全国委员会完满地选举出来了，政协第一届全体会议宣言完满地通过了……新中国已经做了她在开基立业时所应做的一切，代表们和全国人民当然要欢欣热烈地庆贺了。

毛主席和六位副主席在持久的掌声中走上主席台。毛主席宣布：“我们的会议已完满成功，现在举行闭幕式。”朱总司令走到麦克风前，宣读了闭幕词。我们的开国盛典至此胜利结束，新中国的远大将来方在开始。

（原载《人民日报》1949 年 10 月 1 日）

李东东“讲传统谈新闻”专栏⑤

写人所不写，写人所不能写

前面谈到新闻工作者的道德修养、政治操守应当不同一般，与此同时，我认为能够成为一个优秀的新闻工作者，还应当具有较为深厚的学养。政治品质、道德修养加学养，恐怕是做一个优秀新闻工作者的重要条件吧！

党的新闻事业史上，优秀的领导干部和优秀新闻工作者很多，这里，我想以范敬宜院长的新闻思想和新闻实践为例。十年前，我对他的新闻造诣作了概括，只两句话，他认为说到了根本，准确精当。只是这些年工作忙，有关文章虽已写好，还放在手边待完善。我是这样提炼、概括的：“写人所不写，写人所不能写。”

写人所不写——说的是新闻敏感，包括政治上的敏锐性。事情是随时发生在身边的，可写可不写；题材可大可小，看似信手拈来，不经意间写起，其实由小见大、由此及彼，推衍到了大事、大局。写人所不能写——说的是有深厚的知识、学养。能在新闻报道（消息）或通讯、随笔这些“易碎品”中，纵横捭阖，慎终追远，记事、辨理、谈古、论今，延伸了新闻的内涵，因而能脱颖而出，

超越了仅仅记录新闻本身，居高声远。

前者，写人所不写，举一个新闻采写的例子，在座许多同志可能很熟悉，清华新闻与传播学院也曾作为深入基层、深入实际采访的教案——《月光如水照新村》，这条仅有四百五十多字的短新闻，曾被新闻界朋友戏称为“睡出来的新闻”，并作为“短新闻”的一个案例收进不少新闻教材。

范院长是这样回忆这条短新闻的采写过程的——

1982年，是辽宁农村改革初见成效的一年，许多贫困农村开始改变面貌，反映和讴歌这一划时代的变化，成为当时新闻媒体的“主旋律”。

但是，人们很快发现，这类报道很容易走向题材趋同、写法俗套、缺乏新意。多数报道一个模式：实行包产到户以后，粮食产量增加多少，人均收入增加多少，农村新居增加多少……数字罗列，文字冗长。《辽宁日报》领导向记者提出要求：多写一点儿不超过500字的“短而精”的好新闻，要题材新、立意新、角度新，生动活泼，感人肺腑。这显然给记者出了一个难题。

我接受了这个挑战。首先向省农业部门了解线索，他们提供了康平县两家子公社。这个公社的人均收入由历年的六七十元增加到一百六十五元。在当时就算是个“飞跃”的典型了。

3月3日，我满怀希望地赶到康平县。县委宣传部派了一位新闻干事，陪我到两家子公社去采访。一路上他滔滔不绝地向我介绍这个公社的喜人变化，使我对这次采访充满信心。

可是，走进公社办公室，我的心一下就凉了。屋里破破烂烂，杂乱无章，桌上积满尘土，炕上被褥乌黑。哪有一点“新貌”。公

社秘书见到我们倒很热情，连声说："欢迎欢迎，我已经几个月没有回家了，你们来得正好，替我值几天班吧。晚上就睡在我这炕上，被褥都全，挺暖和的。有电话就接一个，作个记录就行……"

我们欣然同意。好在习惯了这种贫困地区的生活，毫不介意。令人失望的是，下乡跑了两天，一无所获。这个公社基础实在太差，真没有什么值得报道的新鲜事儿。第三天早晨，县里的新闻干事提出："咱们今天就回县吧，别在这里耗着了！"

我笑着说："别忙，我已经发现新闻了！"

"什么新闻？"他以为我在开玩笑。

我问："这两个晚上你睡得怎样？"

"睡得很好呀，夜里一个电话也没有，一个人也没有，睡得特别踏实。"

我说："这里就是新闻，而且是好新闻。"

新闻干事说："你别逗了，这算什么新闻。"

我说："你去找一位老秘书来，请他给我们聊聊。"

一会儿，现任公社副社长的"老秘书"来了，我就请他谈谈几年前公社晚上的情景。他一听来意，就感慨万分、滔滔不绝地诉说起来：

"说起那年月，就甭提了，哪有一个晚上能睡个安稳觉的？一是那时上面搞形式主义、瞎指挥多，晚上电话不断，不是电话会议，就是电话指示，催种催收，追生产和农田建设进度；二是越穷矛盾越多，小偷小摸，打架斗殴，寻死上吊，都上你这来报警；三是要救济粮、救济款的，天不亮都来堵你被窝。现在农民生活好起来，这种现象越来越少，当干部的总算能睡个囫囵觉了……"

老秘书的一席话，把问题说清楚了；衣食足然后有稳定，政策好方能有安定，“安稳觉”来之不易啊！

记者的“灵感”来自十年的生活积累。

以上，关于采访写作的回顾总结本身，已经很能说明问题了。

后者，写人所不能写，这里仅举“物艺相通”的例子。1991年底，由范敬宜总编辑提议并主笔，《经济日报》开辟了一个栏目，叫《物艺相通》，就是说科学和艺术是相通的。“开栏的话”里写道，我国航天之父钱学森曾经在一次授奖仪式上，满怀深情地介绍他的夫人蒋英。他说：“蒋英是女高音歌唱家，专攻最深刻的德国古典艺术歌曲，正是她给我介绍了这些音乐艺术。这些艺术包含的诗情画意和对人生的深刻理解，使得我丰富了对世界的认识，学会了艺术的广阔思维方法。因为受到了艺术的熏陶，才能够使我避免死心眼，避免机械唯物论，想问题能够更宽一点，活一点。在这一点上，我要感谢我的爱人蒋英。”作为一个一般人无法企及的著名自然科学家，钱学森认为自己能有这样的成就，是因为艺术的熏陶。

“开栏的话”接着写道：

这段话讲得好极了，道破了艺术与科学之间的辩证关系。

“中国有个传统的说法，叫做‘物艺相通’。物者，科学也；艺者，艺术也。二者所以相通，从哲学上讲，是因为它们有着某种共同的规律。爱因斯坦爱音乐，华罗庚爱写诗，梁思成爱绘画，决非单纯的业余兴趣，而是他们能够在科学与艺术的触类旁通中不断地获得灵感和智慧。

“我们的经济工作者、企业经营者，从事的是理论研究和管理科学。为了使我们‘想问题能够宽一点，活一点’，懂得一点艺术

同样是有好处的。”

我想，如果自然科学家都能这样思考问题，我们作为文化领域的工作者，更应该具有这种感悟，应该把新闻工作做得更文化一点，更艺术一点，更美一点。

《物艺相通》栏目首篇，是《何妨有点风雅》——

夏日屋角漏雨，无疑恼人，书法家却从蜿蜒而下的水痕中受到启发，创造出一种叫“屋漏痕”的笔法。

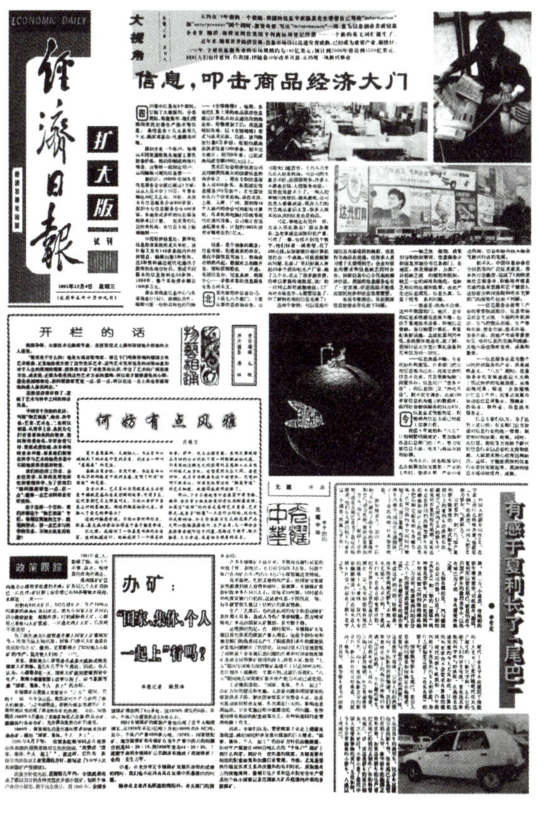

ECONOMIC DAILY

经济日報

扩大版

信息，叩击商品经济大门

开栏的话

物艺相通

何妨有点风雅

政策跟踪

办矿：“国家、集体、个人一起上”行吗？

有感于夏利长了“尾巴”

1991 年《经济日报》扩大版开设《物艺相通》专栏。

春眠压弯金钗，自然可惜，书法家却从弯而不折的弧度中找到美感，发明了所谓“折股钗”的笔意。

自古以来，艺术家从自然现象或生活现象中捕捉灵感而自我创新的故事，可谓多矣。近代京剧艺术大师盖叫天，不还从香炉中袅袅上升的篆烟里，领悟到刚柔相济之美，并融入了自己的舞姿么？

这就叫触类旁通。不论从事何种行业、职业，获大成功者往往得益于善于触类旁通。

所以，千万不要把当今企业家中有书画、摄影、音乐等方面业余爱好者讥为附庸风雅。如果这“风雅”的内容是某种艺术素养、艺术眼光，我看多“附庸”一点没什么坏处。说句也许武断的话，今天价值数百亿元的压库产品之所以能够源源设计、生产出来，与一部分企业经营者视听过于闭塞，思路过于狭窄，既不触类，又不旁通，有着相当程度的关系。

第二篇，《扬短不如藏拙》——

把墙上挂了一年的历代名画挂历取下，随便翻翻，忽有所感。

一页是文征明的工笔山水。画艺的精妙自不待言，大段的行书题诗更是倜傥飘逸，令人心折。

另一页是仇十洲的作品，也是工笔山水，可是画面不题一字，只在右角的石缝里用恭楷落了一行名款：“实父仇英制”。

文征明与仇十洲都是明代大家，为何题画有此区别？原来文征明不仅工画，而且善书；仇十洲的画虽然名重一时，但字写得不好——当时还不像今天时兴代笔——所以从来不在画上题句，是谓“藏拙”。用现代话讲，文征明爱题长跋是“扬长”，仇十洲不愿题字是“避短”。

类似的事还有一些。清代名画家王石谷与恽南田，是一对挚友。二人原来均擅山水，后来恽南田发现王石谷的山水超过了自己，便主动“调整产品结构”——改画花卉。结果两人并驾齐驱，各擅胜场。要是恽南田不正视自己的弱项，硬要在山水方面与王石谷争强，他的成就可能永远在王石谷之下，也开创不了一代花卉新画派了。

应该说，仇十洲和恽南田都是聪明人，他们的避短是为了更好地扬长。有出息的企业经营者也应该如此。看到人家上什么项目也争着上什么项目，甚至弃己之长，硬往一条跑道上挤，那是智者不为的蠢事。

专栏最后一篇，第七篇，《贵在谋篇与布局》——

中国的文学艺术特别讲究结构之美。作文讲究谋篇，写字讲究结体，绘画讲究布局。国画“六法”，其一叫做“经营位置”，亦即布局。

布局的艺术，实际上是处理矛盾的艺术：将主与次、虚与实、轻与重、疏与密、简与繁、远与近、深与浅等诸种矛盾统一起来，构成一个和谐的整体。

历史上有许多画家以善于布局著称，往往一局之立、踌躇经月。元四大家之一黄公望，画《富春山居图卷》，前后花了十余年，其布局之精曾被誉为前无古人。可惜传到明代，此画的主人爱之过深，临死前将其投火殉葬，等到他儿子从火中抢出，已烧剩一半，实在令人遗憾之至。从残存的部分看，布局确实熨帖入微，无懈可击。抚图把玩之际，惹人遐想不已，甚至超出了艺术的范围。

有时我想，毛主席当年常讲，一张白纸，好画最新最美的图

画。他老人家实际上是把制订经济发展战略当作一门艺术的。经济规律与艺术规律不同，但就经济布局需要协调主次、轻重、缓急、长远与当前、优势与劣势等诸矛盾关系而言，却有许多相通之处。这些矛盾处理失当，“画面”就无美可言了，固有的优势自然也难以发挥。

山东省这几年经济发展较快，除了其他因素，布局恰当应当说是一条重要经验。沿海如何发展，内陆如何发展，山区如何发展，都按照客观实际，规划得丝丝入扣，使长得以扬，短得以补，总体上形成一幅姿态万千、引人入胜的图画。看了之后，不禁忽发奇想：主其事者，莫非也是丹青妙手？

范院长和其他许多优秀新闻工作者这样的思考与实践，数不胜数。我之所以这样归结：写人所不写，写人所不能写，因为有了前者，抓住了当下的社会生活的事实，捕捉了别人没有留意、很可能独树一帜的新闻话题；有了后者，则能使事实、思想、学问、文采俱佳的新闻作品，立足千秋新闻史册。

（原载人民网 2011 年 2 月 26 日）

相关链接

“睡”出来的新闻

月光如水照新村

◎ 范敬宜

本报讯 三月三日、四日，记者夜宿辽宁康平县两家子公社秘书办公室，发现从就寝到次日早晨，没有来过一次电话，也没有一个社员来报案、告状或要钱要粮，公社干部睡得安安稳稳。

据当过六年秘书的公社干部赵富权说，前几年情况大不一样，经常刚刚睡下，电话铃又响了，不是下达播种指示，就是追生产进度。冬天只好把电话机搬到枕头旁边。随着领导作风的转变，上面这种靠电话指挥工作和搞形式主义的现象大大减少了。

一年前，两家子还是全县最穷的公社之一，一年到头，生产队干部和社员来公社要农贷和救济粮、救济款的推不开门，往往天不亮就有人来堵公社党委书记的被窝。现在已经看不到这种情景了。去年他们实行了包干到户的责任制，全社人均收入由历年六七十元增加到一百六十五元。社员生活好转了，不但不再向国家伸手，由于“穷泡、穷靠、穷打、穷闹”造成的民事纠纷和家庭纠纷也越来越少。

四日深夜，记者步出敞开的公社大门，遥望沐浴在银白色月光

下的远方村庄，显得分外安谧，不禁遐想联翩，成诗一首：

劫后灾痕何处寻？
月光如水照新村，
只因仓廪渐丰实，
夜半不闻犬吠声。

（原载《辽宁日报》1982 年 3 月 15 日第一版，标题为《两家子公社干部开始睡上安稳觉　夜无电话声早无堵门人》;《人民日报》1982 年 3 月 21 日第二版转载，标题作了改动）

物艺相通（之三）

兼容方成大家

◎ 范敬宜

贝聿铭先生的建筑艺术蜚声国际。看着他设计的建筑物，可以感受到这位大师内在的深厚的中国文化艺术素养。

试着看他设计的北京香山饭店。人们都说它吸收了苏州园林的造型风格，鄙意远不止此。应该说，这里还融化着明清两代画家的气韵。假山旁的几丛修篁，绿荫下的一抹粉墙，使人立刻想到倪云林、石涛的意境幽远的小品。

这种艺术素养是怎么积累的？我没有读过贝先生的传记，不敢妄言。不过我记得他早年毕业于上海圣约翰大学建筑系。这所洋学堂的建筑系很怪，传授的是西洋建筑学，却特别重视中国艺术。系主任讲课时老讲京剧的艺术造型；曾在这里执教的周方白总是诱导学生观赏历代名画，以开阔学生的视野。北京有位建筑师樊书培，当年在校的毕业设计就借鉴了石涛山水画中的房屋布局，并为此临摹了一幅石涛山水长卷。当时我是该校学生，虽不学建筑，对此却印象甚深。贝先生在校读书的年代当然要早得多，后来又出国深造，早有出蓝之誉，但是受过这里艺术氛围的陶冶，想来是没有疑

问的。

现在的建筑院校和建筑部门是否还提倡这套学问？学生们除了学习结构力学之类主课之外，是否涉猎了一些中国美术史等类“闲书”，或者到故宫博物院看看袁江的工笔界画，以领略中国亭台楼阁之妙？我不清楚。我只有想，有些传统是应该批判地接受的。因为，兼收并蓄才能博大精深，单一的营养是哺育不出大家的。

物艺相通（之四）

缺了一点什么

◎ 范敬宜

行家们常用“书卷气”评论表演艺术家俞振飞。我看过俞老中年演出的昆剧《牡丹亭·惊梦》，当他唱到“则为你如花美眷，似水流年，是答儿闲寻遍，在幽闺自怜……”那份回肠荡气，风流蕴藉，真只有“书卷气”三字可以概括。同样的戏，别人演来就是欠那么一点点味儿。

别小看这一点点味儿，得来可不容易。“书卷气”一词，辞典里并没有确切定义，但可以意会为一个人身上文化容量的综合反映。俞振飞的书卷气从何而来？来自书中。据他的稔友告我，这还得归功于他的父亲俞粟庐。这位编纂过《粟庐曲谱》的昆曲大师，对儿子管教极严，学戏首先要求读书。所以俞振飞自幼博览群籍，书房功底极厚，当然对人生、对艺术就有比别人深刻得多的理解。

中国的书法、绘画也讲究书卷气。国画大师张大千，造诣可谓深矣，但是据说看了海上名家吴湖帆的画，自叹：“恨欠湖帆这点书房功夫。”这并非自谦，而是说明艺术家对文化素养的追求是永

无止境的。

在其他行业，是否也用得着“书卷气”呢？我谓亦然。君不见，有些工艺品，不可谓不精巧，然造型匠气，韵味索然；有些高级宾馆，不可谓不豪华，然港味过浓，俗不可耐；有些服饰，不可谓不高档，然妖娆有余，高雅不足。我曾到过一个旅游胜地，贵宾室雕梁画栋，描龙刻凤，实在富丽堂皇，可惜进门迎面就是一块大木牌，赫然写道：“顾客注意：本室备有牛奶咖啡，高级饮料，蛋糕点心，风味小吃，欢迎惠顾”，实在煞尽风景，倒足胃口。何者？经营管理人员缺了一点儿应有的“书卷气”也。

物艺相通（之五）

画到生时是熟时

◎ 范敬宜

四十年来画竹枝，
日间挥写夜间思，
冗繁削尽留清瘦，
画到生时是熟时。

这是清代“扬州八怪”之一郑板桥的自题画竹诗，也是对他一生艺术实践的精辟总结。

近年来，引用此诗者颇多，但是对“画到生时是熟时”一语，多有不解，甚或作了错误的解释。

“生”与“熟”，在这里属于美学概念。生，指的是一种质朴、率真的美；熟，指的是一种娴熟、练达的美。无论做什么事情，都有一个由生到熟的过程，包括绘画。但是，由熟返生，即由巧入拙，由刻意求工到率意成篇，却不是人人都能达到的。

“画到生时是熟时”，这时的生，才是艺术上真正的成熟，真正到了炉火纯青的境界。

为了证明我言之不谬，不妨引一段明代董其昌的话。他在把自己的书法与元代大家赵孟頫作了一番比较之后，不无自负地说：“若临仿历代，赵得其十一（十分之一），吾得其十七（十分之七）；又赵书因熟得俗态，吾书因生得秀色。吾书往往率意（不经意）当无作意（做作之意），赵书亦输一筹，第作意者少耳。”

这就证明，从审美的角度看，生比熟高出一个档次。此理中外相通，只要比较一下青年毕加索与老年毕加索的作品，就非常清楚。

懂得这个道理，也就能理解为什么近年世界上对于商品、住房、服饰等出现追求“返朴归真”的潮流。比如，不抹灰浆的露砖墙，笨头拙脑的派克笔，皱皱巴巴的沙洗服，粗针大线的雪地鞋，等等。这不能一律简单化地目为猎奇，而是在某种程度上（也许是不自觉地）反映了人们对美的理解正在进入新的层次，因为——生涩的橄榄，比甜熟的蜜桃味道更为隽永。

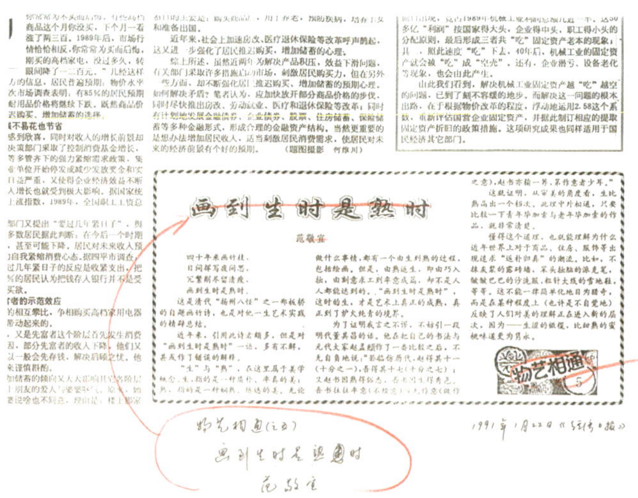

画到生时是熟时

范敬宜

四十年来画竹枝，
日间挥写夜间思。
冗繁削尽留清瘦，
画到生时是熟时。

这是清代“扬州八怪”之一郑板桥的自题画竹诗，也是对他一生艺术实践的精辟总结。

近年来，引用此诗者颇多，但是对“画到生时是熟时”一语，多有不解，甚或作了错误的解释。

“生”与“熟”，在这里属于美学概念。生，指的是一种质朴、率真的美；熟，指的是一种娴熟、练达的美。无论做什么事情，都有一个由生到熟的过程，包括绘画。但是，由熟返生，即由巧入拙，由刻意求工到率意成篇，却不是人人都能达到的。“画到生时是熟时”，这时的生，才是艺术上真正的成熟，真正到了炉火纯青的境界。

为了证明我言之不谬，不妨引一段明代董其昌的话。他在把自己的书法与元代大家赵孟頫作了一番比较之后，不无自负地说：“若临仿历代，赵得其十一（十分之一），吾得其十七（十分之七）；又赵书因熟得俗态，吾书因生得秀色。吾书往往率意（不经意）当无作意（做作之意），赵书亦输一筹，第作意者少耳。”

这就证明，从审美的角度看，生比熟高出一个档次。此理中外相通，只要比较一下青年毕加索与老年毕加索的作品，就非常清楚。

懂得这个道理，也就能理解为什么近年世界上对于商品、住房、服饰等出现追求“返朴归真”的潮流。比如，不抹灰浆的露砖墙，笨头拙脑的派克笔，皱皱巴巴的沙洗服，粗针大线的雪地鞋，等等。这不能一律简单化地目为猎奇，而是在某种程度上（也许是不自觉地）反映了人们对美的理解正在进入新的层次，因为——生涩的橄榄，比甜熟的蜜桃味道更为隽永。

物艺相通 5

物艺相通（之六）

勿以利小而不为

◎ 范敬宜

玩具：童年的梦，启智的钥匙。

伟大如鲁迅，人到中年犹为撕碎过弟弟手扎的风筝而后悔不已。

艺高如丰子恺，垂暮之年魂牵梦萦的还是儿女们童年用“两把芭蕉扇做的脚踏车，麻雀牌堆成的火车、汽车”。

其实，他们生活的年代，已经出现了会哭的洋娃娃，会喷火的机关枪，会开动的小火车，然而，他们遗憾的不是没有让子弟享用过这些高档玩具，而是念念不忘于那种最初级的“手工”，为什么？用丰子恺的话说，是因为它们表现了比大人强盛得多的“创作力”。

所以，最好的玩具不一定是制作最精巧、价格最昂贵的玩具，而是最能够启发或满足孩子创作欲、表现欲的东西。牙牙学语的小孩最爱做的事情是捏两手泥巴，大人怎么训斥也不行，就是因为他们觉得泥巴比任何东西更能随意创造自己的世界。我童年玩过的玩具不少，印象最深的却是一套只用几角钱买来的“白雪公主”的剪纸，——公主和七个小矮人的形象和各式各样的服装，都印在一张

硬纸上，沿着虚线剪下之后，可以任意给他们“换”上各种不同季节、场合穿用的衣帽鞋袜。就是这种游戏，教给了我西方服饰配料、配色的初步知识，至今对我还有一些用处。

我原来以为，进入电子时代的今天，这类玩艺儿在国外早就绝迹了。后来在美国看到，这些童年的老朋友竟和电子游戏机、宇宙飞船、变形金刚一起摆在玩具商店里，而且对那些金发碧眼的小孩子照样有着吸引力。看来，开发儿童智力不一定非要父母倾其所有为儿女去做力所不及的事情，而儿童玩具制造商，即使在西方也未必都是“利小而不为”之徒。

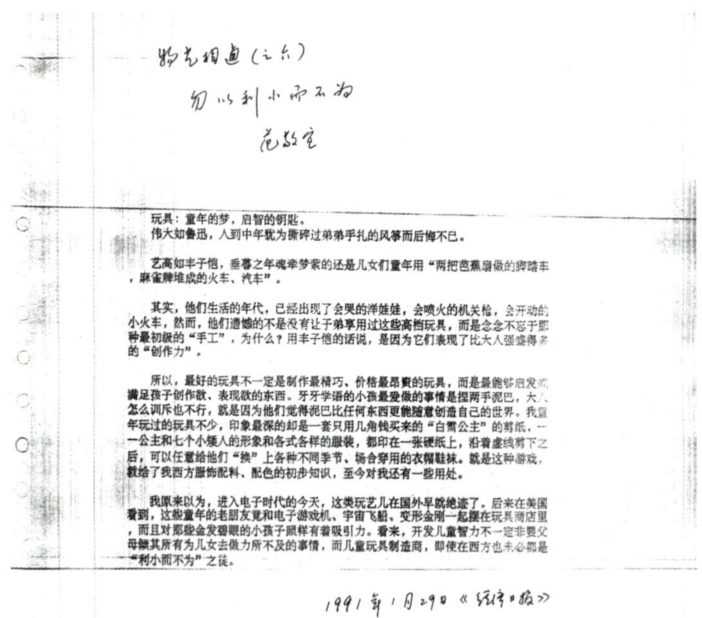

物色相道（之六）

勿以利小而不为

范敬宜

玩具：童年的梦，启智的钥匙。

伟大如鲁迅，人到中年犹为撕碎过弟弟手扎的风筝而后悔不已。

艺高如丰子恺，垂暮之年魂牵梦萦的还是儿女们童年用“两把芭蕉扇做的脚踏车，麻雀牌堆成的火车、汽车”。

其实，他们生活的年代，已经出现了会哭的洋娃娃，会喷火的机关枪，会开动的小火车，然而，他们遗憾的不是没有让子弟享用过这些高档玩具，而是念念不忘于那种最初级的“手工”，为什么？用丰子恺的话说，是因为它们表现了比大人强盛得多的“创作力”。

所以，最好的玩具不一定是制作最精巧、价格最昂贵的玩具，而是最能够启发或满足孩子创作欲、表现欲的东西。牙牙学语的小孩最爱做的事情是捏两手泥巴，大人怎么训斥也不行，就是因为他们觉得泥巴比任何东西更能随意创造自己的世界。我童年玩过的玩具不少，印象最深的却是一套只用几角钱买来的“白雪公主”的剪纸，一一公主和七个小矮人的形象和各式各样的服装，都印在一张硬纸上，沿着虚线剪下之后，可以任意给他们“换”上各种不同季节、场合穿用的衣帽鞋袜。就是这种游戏，教给了我西方服饰配料、配色的初步知识，至今对我还有一些用处。

我原来以为，进入电子时代的今天，这类玩艺儿在国外早就绝迹了。后来在美国看到，这些童年的老朋友竟和电子游戏机、宇宙飞船、变形金刚一起摆在玩具商店里，而且对那些金发碧眼的小孩子照样有着吸引力。看来，开发儿童智力不一定非要父母倾其所有为儿女去做力所不及的事情，而儿童玩具制造商，即使在西方也未必都是“利小而不为”之徒。

1991年1月29日《经济日报》

李东东“讲传统谈新闻”专栏⑥

我为什么讲传统谈新闻

最近接到新闻界不少朋友的电话，说在人民网看到了“讲传统谈新闻”这个专栏，专栏开得很及时、很有必要，尤其是在深入开展“杜绝虚假报道增强社会责任　加强新闻职业道德建设”专项教育活动的今天，对于继承发扬党的新闻事业优良传统、学习老一辈新闻工作者的职业精神，做好新时期新阶段的新闻工作，具有积极意义。

和新闻界朋友们的这种交流、探讨，这两年始终没有断过。早一点，是在2009年新中国成立60周年前后。大多数省级党报都与共和国同龄，当然也有更早的，比如《新华日报》创刊于1938年，已有七十多年历史，《石家庄日报》，今年已经创办64年了，《辽宁日报》的前身《东北日报》，已经创办66年了；也有稍晚的，比如《海南日报》是1950年创办的。2009年隆重举行创刊60周年纪念大会的党报不少，结合调研和工作会议，我先后应邀到一些省市出席党报的纪念大会，并与新闻战线的同志们一起，回顾党的新闻事业史，总结新中国60年新闻事业史，特别是重温了老一辈新闻工

作者的道德操守和精神风范。其间，在与同志们谈心、交流、座谈过程中，发现不少新闻采编人员特别是年轻同志，对党的新闻事业史和新中国的新闻事业史不是很熟悉，对老一辈新闻工作者的职业风范和经典传世的新闻名篇不太了解，而又非常渴望知道，希望能给大家讲一讲。这使我觉得有责任把党的新闻工作优良传统、党的新闻出版工作者的奋斗精神等等，总结梳理一下，结合当前工作任务，与同志们共同交流。

从那时起，我到地方或一些新闻单位去，除了例行的业务工作外，还尽可能挤出一点时间，围绕传承和光大问题与大家深入谈一谈。有些报社把这种交流办成了论坛、讲座，而在我看来，主要是谈谈心，共同作些切磋。为此，我事先都认真翻书，查阅史料，收集和了解现实问题，力求史论结合、史为今用，希望通过一个个丰富而感人的历史镜头、人物故事、名篇佳作，帮助年轻的新闻工作者尽可能多地了解史实、继往开来。每次交流结束后，大家的反应都很积极，有的报业集团把我讲的长达两个小时的内容，从录音中一点一点整理出来，做得很辛苦，使我很感动。同时，一些报社的领导和记者、编辑希望我把这些年的所思所讲作个汇集，在更大范围与更多同事朋友进行交流。

2010 年，根据新时期的新特点、新任务，全国新闻战线三项学习教育活动持续推进、逐步深入。去年 11 月 23 日，全国新闻战线“三项学习教育”活动领导小组召开视频会议，动员部署开展“杜绝虚假报道、增强社会责任、加强新闻职业道德建设”专项教育活动。今年 1 月下旬，7 个督导组分赴部分地方和中央新闻单位进行督导，我们一行去了四川和重庆。我在成都日报社听了党课，和同

与华西都市报的同志们座谈。

志们交谈、交流。在重庆时，与重庆日报报业集团领导班子、中层干部和一线采编骨干谈心。尽管话题比较严肃，有些内容涉及的人和事比较久远，我讲得也比较平实，但听的同志尤其是一些年轻记者、编辑依然十分专注，有的还做了笔记。报业集团把这个谈话整理出一万多字，印发全体采编人员阅读。重庆晨报记者杨昱说，他当天做了二十多页的记录。当晚，这份记录就被同事借走，春节后还回到他手里时，已经经历了 6 人之手。80 后记者周睿参加交谈后，在一篇《永远牢记新闻的责任》的心得体会中，进一步总结了自己规避虚假报道的方法——认真采访、多方求证、小心排疑、精心写作。对于这次谈心，同志们感到触动很大。我也在感动、感慨之余，觉得应该挤出时间，运用各种方式，与一线新闻工作者更多地作一些交流。

此时,《中国新闻出版报》的同志们也在研究“杜绝虚假报道、增强社会责任、加强新闻职业道德建设”专项教育活动的宣传问题。他们原以消息的形式先后报道过我的交流发言,但篇幅展不开,内容出不来。这次他们建议在报上开专栏,名字也想好了,叫“讲传统,谈新闻”。我觉得这是个不错的主意,可促使自己把长期积累的材料、案例、观点作一比较系统的整理,而刊发的《新闻出版报》又是“报中之报”——面向新闻出版业界的报纸,顺理成章。但说实在的,纸质媒体的优势和局限几乎同样明显,发行量、传播力的限制,在行业报纸身上表现得更为突出。当人民网的同志关注此事时,情况就不一样了,应该说这是一个引导社会舆论、服务广大网民的很好的阵地和平台。

这个专栏推出前后,我思考的问题大都围绕:什么是党的新闻工作的根本,如何继承和发扬?怎样坚持真实性这一新闻工作的基本原则,或者说新闻的生命线、底线,而使新闻宣传始终取信于民,保持新闻媒体的公信力。

全心全意为人民服务,是党的唯一宗旨,也是党的新闻工作的出发点与归宿。当年,在新中国成立前夕,毛泽东主席亲自决定将中共中央机关报定名为《人民日报》,表明党的机关报就是人民的报纸,以服务人民为宗旨,没有一己私利。在革命战争年代,有多少新闻工作者为了人民的利益,为了新中国的建立,冒着生命危险,用手中的笔和镜头忠诚书写着历史。我在后面的章节里,将谈到的《党的新闻史上最悲壮的一页》《有志于使新闻工作留名青史》,以及《万无一失与一失万无》等,都从不同时期、不同角度的真实故事,来阐述新闻工作者的政治担当与职业

操守。

新闻工作的最大特点是“笔墨当随时代”，而党的新闻工作的根本——全心全意为人民服务，则什么时候都动摇不得。这就要求我们在任何时候都必须坚持新闻的真实性原则。因为，只有恪守真实，才能取信于民。事物都有高端，也有底线。新闻写作的高端应当说是无止境的，但底线则是相同的，必须是也只能是——真实。毛主席在1942年2月8日中共中央宣传部召集的一次干部会上讲话时曾说过：“共产党不靠吓人吃饭，而是靠马克思列宁主义的真理吃饭，靠实事求是吃饭，靠科学吃饭。”他在1959年4月29日写给省、地、县、社、队（即后来的生产大队）、小队（即后来的生产队）六级干部的《党内通讯》中的第六个问题——讲真话问题时指出：“老实人，敢讲真话的人，归根到底，于人民事业有利，于自己也不吃亏。爱讲假话的人，一害人民，二害自己，总是吃亏”，“干劲一定要有，假话一定不可讲”。这段话为中国新闻宣传界广为知晓，是他关于新闻宣传真实性的基本观点。1983年10月，邓小平在一次讲话中这样说道：“无论是开会发言、写文章，都要进行充分的说理和实事求是的科学分析……首先要对讨论和批评的问题研究清楚，绝不能以偏概全，草木皆兵，不能以势压人，强词夺理。”这些精辟论述，在今天仍具有重大的现实针对性和指导意义。

2009年，在纪念新中国60华诞之际，也就是中国人民政治协商会议第一届全体会议召开60周年之时，我们编辑出版《开天辟地的时刻》一书，选录了1949年9月22日至10月2日及10月10日共12天的《人民日报》，以当年的新闻和报纸版面，

再现共和国开国大典。从那一张张发黄发脆的竖排报面上，我们看到的不仅仅是一篇篇令人热血澎湃的新闻报道，同时可以看到当时的新闻工作者是以怎样的职业精神，忠实、详尽地记录新中国的诞生，成为一个国家信史的最可靠依据。当然，众多的新闻作品水平有高有低，并不是每个新闻工作者都能有机会参与开国大典这样的重大历史事件的报道，不是人人都能写出像《中国的西北角》《县委书记的榜样——焦裕禄》《为了六十一个阶级兄弟》《莫把“开头”当“过头”》这样的名篇佳作，但有一点是共同的，那就是新闻真实性这个高压线或说底线，万万不能触碰。“人而无信，不知其可也。”如果跌到底线以下，就成了老百姓痛恨的“四假”之一——假新闻（“四假”为假报刊、假记者站、假记者、假新闻）。

杜绝虚假新闻“八不准”

为切实贯彻落全国新闻战线开展的“杜绝虚假新闻，增强社会责任，加强新闻职业道德建设”专项教育活动的有关要求，进一步提升宣传工作水平，提升新闻报道公信力，特制定以下规定。

一、新闻事件“五要素”都要确凿可靠，不准使用不准确的新闻要素。

二、不准自当“导演”，制造虚假新闻现场。

三、对网络新闻信息要认真核实，不准无根据进行炒作。

四、统计数据必须由权威机构提供，不准使用未经权威机构核准的统计数据。

五、真实反映新闻事件，不准歪曲事实。

六、坚持客观公正，不准偏袒任何当事人。

七、凡是直接或间接地涉及到记者利益的新闻事件，记者本人必须回避，不准干涉报道的客观公正性。

八、不准收受或者索要馈赠，保证新闻采访报道独立性。

四川广播电视台新闻中心
2010年12月5日

重温昨日新闻，书写今朝历史。六十多年来，新闻事业不断繁荣，从业人员不断增加，绝大多数新闻工作者能够以对党对人民高度负责的态度，贴近实际、贴近生活、贴近群众，准确宣传党的方针政策，忠实反映现实生活，在感动自己的同时也感动了受众、感动了社会。同时，我们也应该看到，随着社会环境发生深刻变化，媒体格局日益走向多元，新闻工作者职业道德失范的现象时有发生，虚假报道屡禁不止。极个别的虚假新闻报道引起人民群众的强烈不满，给党和政府的工作造成很大干扰，给新闻界带来恶劣影响。针对这一现象，2005 年 6 月，“三项学习教育活动”领导小组办公室曾在京召开“坚决制止虚假新闻报道座谈会”，又于去年底在全国新闻界开展专项教育活动。我们不回避工作中存在的问题，勇于面对、勇于改正。从这个意义上说，新闻工作者如何继承优良传统、增强社会责任、担当历史使命，已成为当下一个重要课题。使命光荣，任务艰巨，每当看到新一代新闻工作者的誓言时，总让人充满希望。为此，在这里摘录《成都商报新闻工作者职业道德承诺书》，作为本文的结束——

我有志从事的新闻事业，是党和人民事业的重要组成部分。我是中国新闻工作者中的一员，我有立言记事的机会，但我应牢记，我手中的笔是党和人民给予的，我有责任和义务维护新闻工作的严肃性和声誉，自觉遵守新闻职业道德。特殊的职业决定了我应当承担特殊的责任，因此，我自愿作出如下承诺……

（原载人民网 2011 年 3 月 3 日）

承诺书

成都商报新闻工作者职业道德承诺书

我有志从事的新闻事业，是党和人民事业的重要组成部分。

我是中国新闻工作者中的一员，我有立言记事的机会，但我应牢记，我手中的笔是党和人民给予的，我有责任和义务维护新闻工作的严肃性和声誉，自觉遵守新闻职业道德。特殊的职业决定了我应当承担特殊的责任，因此，我自愿作出如下承诺：

一、坚持党性原则，坚持正确的舆论导向。不采编违反党的方针政策、导向错误、可能造成严重社会负面影响的报道。

二、忠于事实，确保新闻事实与意见分开，准确而客观。不虚构情节，不编造新闻。

三、自觉遵守宪法、法律和宣传纪律，保守职业秘密，自觉维护国家的利益和安全，自觉维护四川省、成都市和报社的形象。

四、廉洁自律，自觉抵制有偿新闻，不利用职务之便谋取不当私利，遵守报社礼金（礼品）上交制度。

五、忠于职守，遵守劳动纪律，服从报社安排，不在外兼职以谋取私利，未经允许不私自向外报或通过网络等其它方式向外界提供新闻线索和稿件。

六、尊重他人名誉，不借报道诽谤、侮辱他人人格；以抄袭、剽窃为职业耻辱。

在成都商报从事新闻采编工作期间，我将信守以上6项承诺。如违反以上承诺，接受报社的任何处分。

承诺人：

20　年　月　日

李东东“讲传统谈新闻”专栏⑦

再向女新闻工作者问声好

从九届人大、政协以来，全国“两会”已固定在3月初召开，十几年来，“三八”国际劳动妇女节的纪念活动都在“两会”期间。在这个属于女同胞的节日里，这几年，全国政协新闻出版界的女委员都衷心地向奋战在一线的女同行问声好，道声辛苦，衷心祝愿全国女新闻工作者节日快乐，事业发展，阖家幸福！

我们的女新闻工作者队伍是一支特别认真敬业、特别能吃苦、特别能战斗的队伍。女新闻工作者身担事业、家庭双重重担，她们以高度的责任感和使命感认真履行新闻工作职责；她们勇立时代潮头，展现巾帼风采；她们勤于思考，善于学习，形成了过硬的专业素养；她们和男同事一道，真实记录新闻，忠诚书写历史。

与其他行业女性容易被边缘化不同，在新闻界，女性越来越成为一支主力军。新闻出版总署最新统计数字表明，2009年，全国新闻出版从业人员449.7万人，女性221.9万人，占49.3%。其中新闻从业人员中报刊从业人员32万多人。全国新闻媒体中申领记者证总人数为21.9016万，其中女记者9.271万名，约占记者总数

的 42.3%。可以说，女性已经在新闻界撑起了“半边天”。

纵观历史长河，不难发现，我国女新闻工作者自强不息、百折不挠的精神是有着历史传承的。从维新时期到辛亥革命，从革命战争年代到建设新中国，改革开放建设小康社会，每一段历史都刻下了女新闻工作者为之付出的努力和在推动社会发展中不可磨灭的贡献。

中国第一位女新闻工作者是康同薇（1879—1974），维新变法运动领袖康有为的长女，1898 年加入刚刚创办的维新派的机关报《知新报》。她天资聪颖，勤学强记，学识渊博，精通国学和英、日两国语言，曾在《知新报》期首发表《论中国之衰由于士气不振》《女学利弊说》。康同薇视野开阔兼学养深厚，其文字功力与其他撰稿人不分伯仲。

辛亥革命时期的女新闻工作者不但办报进行舆论宣传，还积极干预社会变革。辛亥革命前后的著名女新闻人，首推秋瑾。秋瑾创办的《中国女报》，1907 年 1 月 14 日在上海出版，秋瑾亲自撰写发刊词，阐明办这份刊物的目的是为把“中国女界之黑暗”、“女界前途之危险”、“奔走呼号于我同胞诸姊妹之前”，“使我女界生机活泼，精神奋飞，绝尘而奔，以速进大光明世界”。出版第二期后，因秋瑾等忙于准备武装起义，不得不中辍。但秋瑾在奔走革命之时，并未停止编辑工作。同年 6 月 17 日，她从绍兴写信给朋友，说该刊第三期已编好，“约于此月，必行付印”。可惜，没多久她就被清军逮捕杀害。《中国女报》虽仅出版两期，却产生较大的社会影响，并在中国妇女运动史上留下了光辉的一页。

与秋瑾同期的唐群英不仅是一位女报人，也是一位革命家。

全国政协十一届委员会新闻出版界的九位女委员，从左至右：黄庆、王乃坤、范冰冰、海霞、李瑞英、李东东、陈洪、杨澜、许明。

先后创办多种报刊，并设立中央女子学校，为“女界知识普及”造就人才。辛亥革命以后，同盟会内一些人为了迎合封建势力的需要，取消了同盟会政纲中“男女平权”的内容，不让女子参政。作为中国同盟会第一个女会员，唐群英和活跃在妇女解放运动中的张汉英、林宗素、张昭汉、吴木兰、郑毓秀等，为“男女平权”奔走呼号。随着第一次女性办报活动的兴起，辛亥革命时期的女性新闻人，已经形成职业规模。她们奋笔疾书，倡导平等的国民待遇。为了广大的姐妹能够做“平等的国民”，她们不但用笔，还身体力行地向社会进行了抗争。

在宣传共产主义思想和筹备建立中国共产党的风雨历程中，

同样闪烁着女性革命者、新闻人的光彩。向警予不但是中国共产党最早的女性党员之一，也是最早的红色女性新闻人之一。1920 年 5 月 26 日，她为李大钊主办的《少年中国》杂志撰文《女子解放与改造的商榷》，批驳改良主义的错误主张。她还发动组建了“妇女解放协会”，培养了大批妇女干部，成为当时反帝反封建斗争中的又一生力军。1927 年 7 月 15 日，武汉国民政府发动反革命政变，局势极其险恶，向警予置生死于度外，继续留在武汉编辑党刊《长江》，指导武汉地下党的工作和工人运动，号召人民群众团结起来，与敌人斗争到底。1928 年 3 月 20 日，由于叛徒出卖，向警予在法租界被捕。5 月 1 日，向警予英勇就义。她坚守舆论阵地到最后一刻，表现了共产党员坚贞不屈的气节，表现了新闻人的风姿。

再如抗日战争和解放战争时期，一批杰出的女新闻工作者，忠于职守，敢于牺牲，其心胸、胆略、才华，不让须眉。20 世纪三四十年代，三位杰出的女记者，杨刚、彭子冈、浦熙修，被称为战时新闻界“三剑客”，在业内和社会上赢得了广泛认同和赞扬。在革命洪流中，才华横溢的杨刚被誉为“浩烈之徒”和“金箭女神”。20 世纪 40 年代，杨刚撰写的《美国札记》通讯受到读者的广泛关注。杨刚学识渊博，眼界开阔，对国际问题有敏锐的判断力和独到的见解，是当时外事干部中的国际问题专家，是周恩来在国际宣传和外交方面的得力助手。凭借炽烈的爱国精神和学贯中西的扎实功底，杨刚为我国国际宣传事业作出了不可磨灭的贡献，成为影响中国的新闻人之一。

抗战时期，彭子冈被誉为《大公报》的风云人物。她曾以《大公报》记者名义，用尖锐、泼辣的文笔，采写了大量战地新闻、政

治新闻和社会新闻，控诉日本侵略者的疯狂罪行，讴歌抗战英雄。其中尤以人物专访著名，包括对宋美龄、宋庆龄、郭沫若等人的专访。1945 年 8 月，毛泽东赴重庆与国民党谈判，子冈撰写的《毛泽东先生到重庆》为人们传诵一时。1940 年秋天，在一次集会上，国民党行政院副院长兼财政部长孔祥熙大谈营养运动，说不用担心中国粮食不足，只是人们吃得太多、太浪费了，建议大家多吃糙米，说那是含有维生素 ABC 多种营养的食品。子冈听不下去了，马上站起来提问："这几年，前方将士浴血奋战，后方老百姓节衣缩食，都是为了争取抗战胜利。孔院长，你可以看一看，在座的新闻界同业都面有菜色，唯有你心宽体胖，脸色红润，深得养生之道，可否请你继续谈一下养生之道？"孔祥熙被这么一问，只好打哈哈散会。"哈哈孔"因此得名。

浦熙修，1936 年起在南京《新民报》当记者。1938 年《新民报》迁到重庆后，受周恩来等共产党人的影响，她利用民间报纸从业者身份，采写了大量的新闻和通讯，用自己的笔书写着事实的真相。在战后的政协会议期间，她写了许多漂亮的人物访谈记，声名鹊起。浦熙修之所以成为著名女记者，是因为她认定"一个记者的条件，除了基本的知识外，需要有热情、良心、正义感，并且要有吃苦耐劳为社会服务的精神"。

华侨党员女记者黄薇，1937 年回国后任新加坡《星洲日报》特派记者，写下了《活跃在敌人后方》《晋察冀边区访问记》等百余篇通讯报道发往海外报刊。在访问延安时，黄薇被延安的革命氛围所吸引，想留在延安学习，但毛泽东说："我已经听说过你的这个愿望，但我认为你还是做新闻记者为好，当记者也是学习，而且

是更好的一种学习。你作为一个华侨记者，可以把你目睹战争的真相和所见所闻，向海外华侨宣传报道，使他们更好地了解全民抗战的情况，以增强抗战必胜的信心，这个工作是很有意义的。”因为这种鼓励，黄薇坚持在敌后采访，写出了大量优秀报道。

在“党的新闻史上最悲壮的一页”中，1942 年 6 月，新华社华北总分社、华北《新华日报》经理部秘书主任黄君珏在反“扫荡”斗争中，与部分女同志一起隐蔽在山西辽县庄子岭一山洞中，遭遇上百名敌人的搜山围攻。她举枪还击，顽强战斗，但寡不敌众，最后弹尽粮绝，誓死不当敌人俘虏，跳下山崖，壮烈牺牲。

参加了开国大典报道的《人民日报》女记者王金凤，是新中国培养的第一代记者，也是新闻界第一批被授予高级记者职称和第一批享受政府津贴有突出贡献的专家。王金凤用她的眼睛和她的笔记录了新中国成立之初激动人心的时刻。1949 年，她发表了一百多条新闻和三十多篇人物专访、通讯、特写、速写和评论。著有《友谊的花朵》《时代的眼睛》《在中国大地上》《历史的瞬间》《邓颖超传》等作品集，她一生中写了几百万字的新闻作品。

与金凤一同报道开国大典的女记者还有陈柏生。她是朱自清的得意门生，先后在新华社北平分社、华北总分社、《人民日报》担任记者。柏生有着敏锐细致的观察和思考力，善于抓住感人的细节和材料，挖到深刻的思想。她写过各种题材的新闻作品，尤其擅长速写、特写和人物专访。她在采访中善于与被访者沟通，写下的作品感动了很多人。由于其深受朱自清的影响，新闻作品有着浓郁的散文风韵，优美清新，潇洒流畅。

前辈们用行动对“铁肩担道义，妙手著文章”作了最好诠释。

新闻路上，她们披荆斩棘，赢得了社会对女新闻工作者的认同，为后人开辟了道路、积攒了经验、树立了榜样，留下了宝贵的精神财富。

参加两会报道的女记者们在场外合影留念。

薪尽火传，历久弥新。令人欣慰的是，当代新闻界也涌现出了一批素质高、能力强、肯吃苦，爱岗敬业、勤于思考、贴近生活、贴近实际、深入群众的优秀女记者。她们的报道视角和报道范围有了更大拓展，经济、政治、社会、文化、体育等各方面都有所涉及，不少人成为报道领域的专家；她们的报道手段有了很大提升，报纸、广播、电视、网络直播、手机直播、手持电视、移动电视、手机报等各种报道平台都有她们的身影，一专多能的女记者越来越多。更有不少女记者站上了新闻界最高奖——长江韬奋奖的领奖台，她们用手中的纸、笔、话筒为社会主义事业的发展作出了贡献。

比如：改革开放早期，使张海迪家喻户晓，报道了钱三强、茅以升等著名科学家，以科技报道闻名的郭梅尼；第一位前往国际战场的中国女摄影记者黄文；冒着生命危险跟随乡邮递员王顺友走进深山马班邮路，采写万余字长篇通讯《索玛花儿为什么这样红》的新华社记者张严平；在北约空袭我驻南斯拉夫大使馆事件中以身殉职的新华社女记者邵云环和《光明日报》女记者朱颖；第一位进入

伊拉克战地的中国记者，被称为“战地玫瑰”的闾丘露薇；在3天里成功采访8位世界顶尖企业和财团主席的凤凰卫视主持人曾子墨；顶着余震和塌方危险，徒步急行9小时进入汶川大地震震中报道的中央电视台记者张泉灵……

全国政协十一届四次会议期间，新闻出版界女委员与女新闻工作者诚挚对话并合影留念。

像这样的优秀女新闻工作者还有很多，她们肩负着事业和家庭的双重重担，肩负着和谐社会建设的重任，紧贴时代脉搏，按照党和人民的要求履行自己的职责。在“三八”国际劳动妇女节到来之际，我们再次向女新闻工作者们问声好，同时对她们的成绩表示祝贺，对她们的付出表示钦佩，对她们的奉献表示崇高的敬意！

（原载人民网 2011 年 3 月 8 日）

李东东“讲传统谈新闻”专栏⑧

新起点，新期待

满载“十一五”的新辉煌，带着对“十二五”的新期待，我们又一次站在继往开来的新起点上。

站在继往开来的新起点上，回望新闻出版业改革发展的历程与成绩，我们感到骄傲与自豪。

新中国成立六十多年来，特别是改革开放三十多年来，我国新闻出版事业和产业取得了长足的繁荣发展。尤其是“十一五”这五年，更是实现了大发展、大跨越。统计显示，与“十五”时期末相比，全行业总资产、总产出、总销售都翻了一番，印刷业翻了两番。2010 年新闻出版业总产出达到 1.3 万亿元，增加值占到国内文化产业核心层增加值的 60% 多。5 年累计生产图书 135.8 万种、338 亿册，是“十五”时期的两倍。到“十一五”时期末，

参观者在全国图书博览会上选购图书。

图书出版品种和总印数、日报总发行量已居世界第一位，电子出版物总量已居世界第二位，印刷业年产值已居世界第三位。

大发展的格局源自于深化改革的思路与实践。应该说，新闻出版业改革从党的十一届三中全会之后就拉开了帷幕。三十多年前，在第一轮改革开放的浪潮中，新闻出版业先后进行了拨乱反正、恢复重建、“三放一联”和集团化建设的改革探索。但大改革的历程开启，是在党的十六大之后。党的十六大提出，要大力推进文化体制改革。2003 年，中央决定进行文化体制改革试点工作，在全国所确定的35个文化体制改革试点单位中，新闻出版单位就有21家。新闻出版战线从体制创新入手，全面完成了试点任务，为出版体制改革向纵深推进提供了新鲜经验。2005 年，新闻出版总署贯彻中央关于全面深化文化体制改革的精神，先后制定 9 个分类改革方案，明确了分业改革的总体思路，就转企改制、事企分开、职能转变、上市融资等改革难点问题进行重点攻坚。这标志着，新闻出版体制改革正式进入了全面推进的阶段，一大批市场主体和战略投资者应运而生。

重点领域、关键环节的攻坚一个个在突破。“十一五”伊始，中央出台《关于深化文化体制改革的若干意见》，在总结文化体制改革试点工作的基础上，对推进文化体制改革作了全面部署，新闻出版体制改革由试点转入全面推进阶段。按照先抓好新华书店、一批中央部委出版社、一批高校出版社、一批地方出版社，再抓一批经营性报刊出版单位转企改制和党报党刊发行体制改革，落实了出版单位深化改革的目标任务。2009 年，是新闻出版总署确定的改革攻坚年。这一年，总署出台了《关于进一步推进新闻出版体制

改革的指导意见》，进一步明确了改革的时间表和路线图，地方出版社和高校出版社转企改制任务全面完成。2010 年，是新闻出版总署确定的改革决胜年。这一年，新闻出版体制改革进入全面提速、纵向深入、务求实效的新阶段：十多万家国有印刷复制单位，3000 多家国有新华书店，148 家中央各部门各单位出版社，所有地方与高校出版社，1251 家非时政类报刊出版单位已完成转企改制，兼并重组积极推进，投融资体制改革不断深化，大批企业实施股份制改造，在境内 A 股和香港 H 股上市的新闻出版企业已达 14 家，一大批具有活力、实力和竞争力的新闻出版企业应运而生。

多年的改革实践，多年的改革历程，使新闻出版业完成了一次脱胎换骨式的变化，活力既出，生机已现，新闻出版产业前所未有地呈现出大发展态势，新闻出版事业前所未有地呈现出大繁荣局面。可以说，这是一次历史性的突破。改革的生动实践也再次表明，哪里有改革，哪里就有新局面，哪里就有大发展，哪里就有大繁荣。

站在继往开来的新起点上，展望新闻出版业改革发展的未来与前景，我们充满信心与期待。

2011 年至 2020 年的十年，我国将实现全面建设小康社会，人均收入达到中等发达国家水平。而“十二五”时期是全面建设小康社会的重要五年，是实现社会主义文化大发展大繁荣的关键五年，也是建设新闻出版强国承上启下的重要五年。文化产业发展已经上升为国家战略，上升到国民经济支柱性产业的高度，新闻出版产业作为文化产业的支柱产业和主力军，加快推进实现又好又快发展，

李东东两会期间接受人民网专访。

是人民群众的期待，也是全行业的期待。

在《新闻出版业“十二五”时期发展规划》中，提出了今后五年我国新闻出版业的发展目标，即要基本形成“两个格局”、“三个体系”——基本形成以公有制为主体、多种所有制共同发展的新闻出版产业格局，以民族文化为主导、吸引外来有益文化共同繁荣的新闻出版开放格局；基本建立起统一开放、竞争有序、健康繁荣的现代出版物市场体系，以人为本、面向基层、惠及大众的新闻出版公共服务体系，技术先进、传输快捷、覆盖广泛的现代传播体系。到“十二五”期末，要实现新闻出版业总产出29400亿元、增加值8440亿元。

目标已定，方向明确，任务艰巨。我们有理由相信，未来五年，新闻出版业将会实现新的腾飞、新的跨越：体制机制改革进程会更深入，事业发展会更繁荣，产业实力会更强大，上市企业会更

多，五大惠民工程会更扎实。惠民工程，具体讲，要大力实施农家书屋工程，切实抓好工程项目、进度、责任三落实，及时开展监督检查，抓好验收入网，进一步分类、规范建设标准，完善出版物选、配、送、管、用和长期更新、发展的工作机制。认真抓好国家重点出版工程，用好管好国家出版基金，组织生产一大批站在时代前沿、弘扬民族文化、体现国家水准、传之久远的国家级精品力作。全力抓好服务西藏、新疆等民族地区的“少数民族新闻出版东风工程”，组建民文出版协作体，规范民族文字出版专项资金项目管理，提高民族语言文字出版供应能力，服务少数民族群众。广泛实施全民阅读工程，创新组织方式和运行模式，形成与农家书屋、社区书屋、职工书屋工程等相互推动、相互促进的长效机制，奖励全民阅读活动的优秀组织者和阅读者。以“扫黄打非”和反侵权盗版为载体，大力开展保护未成年人健康成长的文化环保工程，清理文化垃圾，加大对低俗、庸俗出版物的整治力度，加强网络监管，创造健康和谐的社会文化氛围。总之，未来五年，新闻出版业改革发展的“故事”会更加精彩。

站在继往开来的新起点上，要完成今后五年新闻出版业改革发展的目标与任务，我们深感责任重大、使命光荣。

成就令人鼓舞，目标催人奋进，责任时不我待。这不仅需要出版工作者付出更大的努力，也需要新闻工作者坚持不懈地奋斗。新形势、新任务、新起点、新期待，不仅对出版人提出了更高的要求，而且对新闻工作者来说，对新闻出版行政管理部门来说，肩负的责任也将更加繁重。

这就要求新闻工作者，必须坚持和牢记正确舆论导向，切实做到自重、自省、自警、自律，真正树立起新闻工作者应有的良好形象。

——紧紧围绕经济建设这个中心，自觉服务党和国家工作大局，坚持全面、充分、准确地宣传党的路线、方针、政策，形成强大的舆论力量，推动改革发展稳定的各项工作；始终坚持团结稳定鼓劲、正面宣传为主的方针，宣传科学理论，传播先进文化，弘扬社会正气，塑造美好心灵，倡导科学精神，致力于营造积极健康向上的社会舆论环境；坚决贯彻中央精神，坚持从大局出发，对党和政府重视、人民群众关心的社会热点问题，审时度势，及时调控，进行正确的舆论引导，发挥解疑释惑、增强信心、维护稳定的作用。

——树立自重、自省、自警、自律和以身作则的形象，要继承和发扬党的新闻工作的光荣传统和优良作风，大力弘扬“平凡之中的伟大追求，平静之中的满腔热血，平常之中的强烈责任感”的“三平”精神，以实干求实效，以实干促发展，严格遵守新闻职业操守和道德规范，加强自我规范和约束，才能抵达清白做人、用心做事之境界，才能有效抗拒腐蚀，真正解决好“全心全意为人民服务”的根本性问题。

这就要求新闻工作者，必须继承和发扬老一辈新闻工作者“靠双脚跑新闻”的精神，切实做到贴近实际、贴近生活、贴近群众，采写出更多更好、更生动更感人的精品力作。

坚持贴近实际，新闻工作者才能写出最真实可信的报道。新闻界常说一句话，叫“脚板底下出新闻”，也就是说，真正的新闻是

脚踏实地走出来的、跑出来的。只有到了一线、到了现场，才能闻到大地的泥土味，才能找到第一手资料；只有接“地气”，才可冒“热气”，写出的报道才会真实，也才会有灵气、有生气。因此，新闻工作者必须继承和发扬老一辈新闻工作者“靠双脚跑新闻”的精神和风范，在生动的实践中体察伟大时代的变迁，在坚实的土地上接通新闻的“地气”。

坚持贴近生活，新闻工作者才能写出最生动感人的报道。新闻界有一句老话叫“抓活鱼”，说的就是要到基层到生活中去，拿到第一手新鲜、独到的素材，写出生动活泼的作品。无论从历史上看，还是从当代来看，凡是那些在社会上产生广泛影响、深受读者喜爱的新闻名篇佳作，大都是来自一线、源于生活的作品，大都是深深扎根基层、潜心体察生活的结晶。只有真正贴近生活、深入生活，写出的报道才能充满生活色彩、富于生活气息、反映生活本质。今年春节期间，全国新闻界开展的“新春走基层”的实践再次启示我们，最美丽的风景在基层，最感人的故事在基层，基层蕴藏着最鲜活、最生动的新闻资源。

坚持贴近群众，新闻工作者才能写出最深入人心的报道。我们常说，群众是语言大师，老百姓的话最生动、最活泼、最有生活气息。新闻工作者要改进作风和文风，必须深入到群众之中，学习群众语言，善用群众语言。群众那些朴实的话语，是坐在办公室里想不出来的，唯有深入群众，报道才最生动，也唯有深入群众，报道才真切感人。否则，报道中净是空话、套话，没有短话、新话，最终结果只有一个，读者不爱读不爱听不爱看，就连新闻工作者自己也觉得写起来索然无味。

这就要求新闻出版行政管理部门，必须坚守和履行好职责，规范采访秩序、严厉打击“四假”，切实担负起保障新闻记者合法权益的重任。

在新的历史条件下，新闻记者作为社会这艘大船的瞭望者，面临着复杂的职业生态环境：一方面，新闻单位在面对新技术挑战和体制转型过程中形成的压力正在转嫁给新闻记者，使得记者的职业压力面临前所未有的强度；另一方面，新闻记者在开展新闻采访活动特别是进行舆论监督过程中，面临着巨大利益诱惑的考验及利益相关人的干扰、阻挠，甚至个别不法人员的威胁和打击；此外，一些不良记者滥用新闻采访权和舆论监督权谋取私利，一些社会不法人员假冒新闻记者搞“新闻敲诈”，在严重破坏社会秩序的同时，也给新闻记者的正常采访活动造成了巨大冲击。这些问题仅仅是目前困扰新闻记者队伍健康发展的一些因素，而记者在具体工作中需要面对的问题远比这些复杂得多。面对这样的新情况，新闻出版行政管理部门应该切实履行好自己的职责，为社会大船上的瞭望者、公平与正义的守望者保驾护航。

多年来，新闻出版总署一直高度重视新闻记者队伍的建设工作，在加强记者权益保护方面采取了一系列措施。2007 年，发出《关于保障新闻采编人员合法采访权利的通知》，就各级党政机关及其工作人员和各新闻单位保障记者采访活动提出了七个方面的要求；2008 年，发出《关于进一步做好新闻采编活动保障工作的通知》，明确提出保障新闻单位对涉及国家利益、公共利益的事件依法享有知情权、采访权、发表权、批评权、监督权，并从六个方面作出加强保障的规定；2009 年 3 月，发出《关于采取切实措施制止

李东东与长江奖获得者在范长江纪念馆合影。

虚假报道的通知》，从完善新闻采编制度、加强拟聘人员考查、规范用工制度、健全内部监督机制、健全新闻转载的审核管理制度、健全责任追究制度、主管主办单位切实履行管理责任、新闻出版行政部门加强监管这八个方面提出了明确要求；2009 年 10 月，新闻出版总署颁布并施行了新修订的《新闻记者证管理办法》和《报刊记者站管理办法》。两个管理办法充分吸收了近几年新闻出版总署出台的规范性文件内容和各级新闻出版行政部门、报刊主管主办单位和主要新闻单位的意见，从切实履行监管职责、维护群众利益和保护记者权益等方面，完善了规章的相关条款。这些规章政策的出台，对推动新闻事业健康发展、维护新闻媒体和记者合法权益发挥了积极作用。

今后，新闻出版行政管理部门将继续全力抓好四件事：一是加强新闻记者自身权益的保障工作。二是加强新闻记者采访活动的保障。三是规范新闻记者采编活动的管理。四是净化新闻采访秩序。目前，我们正在研究建立新闻记者职务行为规范准则和完善新闻采编不良从业记录制度，一方面通过规范记者的新闻采访行为，加强新闻队伍行业自律；另一方面通过限制有不良记录的人员从事新闻工作，净化新闻队伍。同时，将采取多项措施，努力培养出更多的名记者、名编辑、名评论员、名主持人。

最是一年春好处，再擂战鼓踏征程。正在召开的全国两会，吸引了国内外关注的目光。会场内外，数千名新闻记者奔波在代表委员的驻地，真实记录着代表委员们汇民智、抒民意、议民生、商国是的全过程，他们的敬业精神和职业操守，赢得了代表委员们的尊重和敬佩。衷心希望广大新闻工作者向他们学习，以热爱祖国的情怀、放眼世界的胸怀、先忧后乐的襟怀、宠辱不惊的心怀，牢记政治责任与历史使命，认真履行新闻工作者职责，担负起真实记录新闻、忠诚书写历史的重任，为赢得下一个五年的新胜利，开创新闻出版工作新局面而努力奋斗。

（原载人民网 2011 年 3 月 12 日）

李东东“讲传统谈新闻”专栏⑨

新闻一线的宣誓

“我是中国新闻工作者中的一员，我有立言记事的机会，但我应牢记，我手中的笔是党和人民给予的，我有责任和义务维护新闻工作的严肃性和声誉，自觉遵守新闻职业道德。特殊的职业决定了我应当承担特殊的责任，因此，我自愿作出如下承诺……”——这是今年1月，在四川省和重庆市进行“杜绝虚假报道，增强社会责任，加强新闻职业道德建设”专项教育督导工作时，我和中央督导组同志们在《成都商报》看到的新闻工作者职业道德承诺书。铿锵的誓言，是记者们对自己的职业要求，更是对人民群众的庄严承诺。当时我们都很为之感慨。在我的讲传统谈新闻第六讲“我为什么讲传统谈新闻”时，抄录过这个承诺书的开头作为文章结尾，在此，我还是要把六条承诺转录下来，因为这是实质性内容，可以使社会各界了解新闻工作和新闻工作者——

一、坚持党性原则，坚持正确的舆论导向。不采编违反党的方针政策、导向错误、可能造成严重社会负面影响的报道。

二、忠于事实，确保新闻事实与意见分开，准确而客观。不虚

构情节，不编造新闻。

三、自觉遵守宪法、法律和宣传纪律，保守职业秘密，自觉维护国家的利益和安全。自觉维护四川省、成都市和报社的形象。

四、廉洁自律，自觉抵制有偿新闻，不利用职务之便谋取不当私利，遵守报社礼金（礼品）上交制度。

五、忠于职守，遵守劳动纪律，服从报社安排，不在外兼职以谋取私利，未经允许不私自向外报或通过网络等其他方式向外界提供新闻线索和稿件。

六、尊重他人名誉，不借报道诽谤、侮辱他人人格；以抄袭、剽窃为职业耻辱。

从以上六条承诺，可以看到新闻工作者必须遵守的政治纪律、宣传纪律和组织纪律。

在督导工作中，我与一线采编骨干谈心、进行思想交流时，有记者告诉我，“加入新闻队伍，对这一承诺的宣誓，在感到职业荣誉感的同时，也感到了肩上沉甸甸的责任”。是的，可以想见，伴随着宣读誓词跨进新闻队伍的年轻记者，由此开启了自己新闻人生的新征程。誓言念出的那一刻，承诺便注入到血液之中，未来的新闻路上，他们或将因此而走得更为用心。

宣誓的过程是一种教育，也是一种警示，更是一种约束。在我看来，宣誓的实际意义在于，通过这一形式，一方面对新闻工作者作出心理约定，同时有助于建立受众与新闻工作者之间的心理契约。

在每一个新闻工作者心里，在认知到自己已经获得媒体提供的这份工作之后，应该明确自己为媒体、为受众付出什么、遵守什么，

从而在心理上作出约定。以誓言约定后，采编人员在履行工作职责时，就会更多地考虑到誓言的要求，诚信做人，谨慎记事。毕竟，一个人如果违背誓言，除了法律及制度层面的制约，还要承受道义上的谴责。孟子云：诚者，天之道也；思诚者，人之道也。有诺不践，背信弃义，最为人所不齿。正如一位参加过宣誓的记者所说：“有了这样的宣誓，在心理上是一种警示，更是一种约束。”可见，心理契约的建立是具有积极意义的。

握起右拳，新闻工作者在西柏坡庄严宣誓。

延水河畔，宝塔山见证青年记者的誓言。

就职宣誓是一种仪式，是公众知情权得以实现的形式之一，让人们知道就职者是谁，有怎样的心态，对国家和人民作出什么承诺。

就职宣誓还是一种鞭策，让宣誓者记住自己在公众面前宣示的道德信条，并在日常工作中以誓词为镜，时时对照自己的言行是否违背道德，是否恪守职责，是否说的做的一样，从而强化责任意识、义务观念、道德自律和行为审慎的自觉性。

在当前形势下，如果说加强制度建设是杜绝虚假报道的环境条

在第十个中国记者节来临之际，“让党放心 让人民满意——做负责任媒体”承诺宣誓活动中，云南省新闻工作者向社会公开承诺做负责任媒体，让党放心、让人民满意。

件，那么，通过承诺书的誓言强化心理契约的建立，则可以促使新闻从业人员内心警醒，同样是非常必要的。

在成都日报社，与报社采编骨干代表进行交流时，财经记者刘华表示，财经报道涉及国计民生，要以党报人的高标准来保证版面语言的真实和杜绝发布虚假信息；评论员刘琴认为，评论员对热点新闻一定不能头脑发热，抓起半截儿就跑，一定要多想一想，深入分析思考，切忌为虚假新闻推波助澜；编辑方芳强调，编辑不仅要有过硬的业务素质，更要树立正确的新闻观、价值观，才能提高判断力，避免虚假不实报道的传播……每个人的发言都从职业道德承诺入手，结合实际认识到了新闻工作的价值所在。

自 2000 年起，11 月 8 日被定为记者节。不是每一种职业都能够拥有一个属于自己的节日；而有幸拥有节日的人，更应当为它配

上足够的荣耀。

在我看来，新闻工作者拥有荣耀的唯一方式，就是用自己的忠诚、执着、敏锐和智慧，一步步逼近真实。不因艰难而动摇，不因恐吓而退缩，不因诱惑而沉沦。如果新闻工作者从入职那天起就将这种执着融进血肉之躯，相信，漫漫征途上，终将因自己做人、为文的上品，获得人们发自内心的敬意。

当然，能否将承诺变成现实，显然不是仅仅依靠宣誓就可以解决的，更需要实际行动以及制度保障。

在新闻一线了解情况的过程中，我们看到新闻单位在抓根本抓源头、转变采访作风中十分用心。其中，重庆市专教办把专项教育活动与新闻单位业务工作结合起来，坚持把理论学习与新闻实践相结合，开展各种主题实践活动，全面提高新闻队伍的思想认识水平和业务工作能力。组织开展了“新闻记者下基层”活动，让新闻记者、编辑、主持人“三进三同”（进基层、进村子、进农户，与农民群众同吃、同住、同劳动），采写更多贴近生活、内容真实、生动鲜活的新闻稿件，从源头上杜绝虚假报道。2010 年，重庆市共有 2800 多名新闻采编人员下基层参与采访报道，各市级媒体分别开辟了专栏、专题和专版，刊播基层一线的新闻 760 余篇（条）。不少采编人员感到与基层群众的距离拉近了，体会到基层工作的艰苦，找到了与老百姓在情感上的共鸣，从中获得了工作激情和职业荣誉感。

重庆广电集团参加下基层活动的青年新闻工作者在座谈会上表示，看到基层群众艰苦的生活状况正在逐步改善，看到他们对党和政府充满信心的乐观精神面貌，深受震撼和鼓舞，从中发现了更多

温暖人心的力量，感到了肩上的责任，也更加坚定了为人民群众服务的新闻职业理想。

在承诺誓言的同时，修订完善采编制度也同样关键。在四川和重庆的督导工作中，我们欣喜地看到，新闻单位在自我教育和自查自纠阶段积极修订完善采编制度，防范和杜绝虚假报道。重庆日报报业集团要求各媒体网站做到严禁超范围转载新闻、将论坛和博客等互动栏目帖文当新闻登载等“七个严禁”，完善了《重大新闻信息反馈办法》《新闻阅评制度》《新闻人员岗位培训办法》等制度，新建了《舆情分析研究制度》、违纪违规人员档案等制度，各媒体完善了新闻部门内部管理。重庆日报社在着重对一线采编人员进行的电话采访和网络采访等方面，进行教育、监督和管理，出台了《防止虚假新闻的 8 项对策》《舆论监督相关规定》《防止见报差错制度》等制度。《重庆晨报》全文公布《采编准则 60 条》，出台和完善了编辑、记者、校对手册，特别是建立督查和案例库制度。《重庆时报》建立红色专案制度，层层把关，在红色专案制度下，新闻报道一旦出现虚假失实报道，即宣布相应部室、相应个人此项指标亮起红灯，进入红色状态，报社立即启动“红色专案”流程，限期督查落实，整改不达标，红灯不得取消。重庆广电集团修订了《治理虚假报道暂行规定》等规章制度。

四川省新闻出版局则明确要求建立和完善社会人员来稿审查、网络用稿核实、编辑流程、新闻单位举报、本省违纪违规新闻采编人员档案等各项管理制度，起草了《四川省报刊记者站综合评估实施办法（试行）》，对达不到评估要求的予以限期整顿或注销，对记者站存在虚假报道的给予严厉扣分。四川省广播电视台新闻频率坚

持在每个工作日召开选题策划会，严格选题申报和采、编、发环节，有效堵住了虚假报道漏洞。《华西都市报》制定《关于记者采写稿件必须标注信息源的规定》《采编流程发稿规定》，要求记者必须在稿件中标注被采访者的联系方式便于编辑核实，加强对重大稿件、敏感稿件、舆论监督稿件及言论稿件的把关；强化编辑的把关作用，坚持总编辑审稿制度。《每日经济新闻》修订《采编人员手册》《关于采访录音及证据材料定期备份的规定》《关于记者采写稿件须附采访对象信息的通知》《重大新闻报道会商把关制度》，新出台了《审稿制度》，建立了第一读者审读制，形成《每周读者热线及处理报告》，建立群众阅评员每天评报制度，聘请律师事务所定期提出法律风险分析报告等。

而类似这样的制度性完善措施，在全国各新闻媒体中还有很多。有了实际行动以及制度保障，回看一次次震撼人心的宣誓镜头，将在中国的新闻体系中，在新闻工作者这支队伍中，更有力地激扬起新的华彩乐章。

一句句誓言，是对新闻工作者的激励和鞭策。年复一年，新闻记者坚持在报道改革开放的第一线。无论是在严重自然灾害袭来时，还是在重大突发事件中，新闻记者置个人安危于度外，夜以继日地辛勤工作，用手中的笔和镜头忠实地履行职责，书写着对党和人民的忠诚。

一句句誓言，更意味着使命和责任。当今时代，信息传播技术和手段日新月异，舆论导向对社会的影响越来越广泛而深入，新闻工作者的社会责任比以往任何时候都要重大。与人民同命运，与时代共发展，是党的嘱托、时代的召唤、人民的期待，是广大新闻工

作者崇高的历史使命。

范长江同志说过，一个记者，如果能为一个伟大的理想工作，那是很值得鞠躬尽瘁、死而后已的。实现中华民族伟大复兴，全面建设小康社会，正是当代中国新闻工作者矢志追求的伟大理想。牢记崇高使命，奋力开拓进取，我们的新闻人将无愧于时代、无愧于人民。

肩负起崇高的历史使命，必须牢牢把握正确舆论导向，坚持主流价值观。舆论引导正确，利党利国利民；舆论引导错误，误党误国误民。新闻工作者只有深入实际，扎根于群众之中，才能拥有创造的激情和活力，才能把握时代脉搏，采写出超越前人的名篇佳作。

（原载人民网 2011 年 3 月 21 日）

李东东“讲传统谈新闻”专栏⑩

构筑起四道防线

在前面的《反“客里空”运动——党的新闻事业史上首次反对虚假报道》中，介绍了发生在解放战争时期部分解放区反失实报道运动的情况。1947年6月起，晋绥边区《晋绥日报》认真检查了新闻报道，对新闻中右的倾向和新闻失实问题进行了批评与自我批评，发动群众进行监督，开始了反“客里空”运动，公开检查土地改革前期宣传中的失实报道，分析导致新闻失实的不良思想作风和原因。《人民日报》(晋冀鲁豫)、《晋察冀日报》、山东《大众日报》、陕甘宁《边区群众报》、《新黑龙江报》等解放区报纸和新华社各分社迅起响应，在各解放区新闻工作者中掀起了一场反对“客里空”的运动。这次运动，发扬了自我批评和检讨的优良传统，对失实报道进行了全范围的纠正，维护了新闻真实性，提高了新闻队伍素质，赢得了读者对党的新闻事业的信任和支持。

六十多年过去了，包括新闻事业在内的新中国的各项事业都发生了翻天覆地的变化。绝大多数新闻工作者能够继承党的新闻事业的优良传统，发扬老一辈新闻工作者的职业精神，坚持真实、客

观、公正，深入基层、深入社会，贴近实际、贴近生活、贴近群众，切实履行新闻工作者的神圣职责，采写了一大批群众喜闻乐见且传之久远的新闻报道精品力作。他们用手中的笔和镜头，真实记录着党和国家进步的过程，忠诚书写着人民事业发展的历史，使新闻工作更加取信于民，更好地服务于党和国家改革发展的大局，满足了人民群众日益增长的精神需求。但我们也不能不正视，新闻失实的“客里空”现象今天依然存在，一些新闻单位疏于内部管理，采编流程不规范，部分编辑记者作风浮躁、责任心不强，等等，致使一些虚假报道仍不时出现，不仅扰乱了人们的正常生活和社会的稳定环境，也影响了新闻工作者的正义形象，损害了媒体的权威性和公信力。其影响之坏、危害之深，不容忽视。

杜绝虚假报道，增强社会责任，这既是摆在所有新闻界同仁面前的一项严肃的课题，也是社会大众广泛关注的一个话题，更是这次开展专项教育活动的目的所在。根据中央的部署和要求，结合中央督导组赴各地督查指导的情况，结合新闻界多措并举的实践，我们感到，亟有必要在行政监管、社会监督、行业自律、惩处机制等几个方面，构筑起杜绝虚假报道的防线。

第一道防线：完善行政监管体系，净化新闻采访环境秩序。

近年来，为了确保新闻事业健康发展，净化新闻舆论环境，新闻出版总署和各地新闻出版行政部门采取了不少措施，加大了对新闻媒体和新闻从业人员的监管力度。

一方面，强化制度建设，通过不断制定修改规章制度，完善管理内容和措施，提高了行政监管的意识和能力。比如，2009 年 3 月，新闻出版总署下发了《关于采取切实措施制止虚假报道的通知》，从

完善新闻采编制度、加强拟聘人员考查、规范用工制度、健全内部监督机制，到健全新闻转载的审核管理制度、健全责任追究制度、主管主办单位切实履行管理责任、新闻出版行政部门加强监管，完善了八个方面的制度，尤其是建立健全了责任追究制度。当年10月，总署又以《新闻记者证管理办法》《报刊记者站管理办法》重新修订颁布为契机，进一步健全和完善新闻采编人员不良记录数据库建设，明确提出，对存在较轻违法违规行为的采编人员，在全国范围内限制其从事新闻采编工作；对存在重大违法违规人员则坚决清除出新闻队伍，禁止从事新闻采编工作，并进行公开通报。可以说，这些新制度、新措施的建立完善，对制止虚假报道起到了积极的作用。

另一方面，加大了监管力度，各级新闻出版行政部门通过加大行政执法力度，不断强化行政监管的严肃性和权威性。对那些刊载虚假报道的媒体，对那些制造虚假报道的新闻记者，一律进行严肃处理，公开曝光，绝不姑息。可以说，监管力度的不断加大，也在一定程度上减少了虚假报道的出现，降低了虚假报道产生的概率。

但同时也要看到，我们在行政监管方面的力度还不够大，仍然存在一些管理漏洞，尤其是在监管体系构建方面还不够完善。随着信息传播手段的不断更新，网络传播影响力的日益增强，新情况新问题会不断出现，政府管理部门必须不断与时俱进，针对新的发展趋势，及时研究新的管理方式，做到防患于未然。

在监管体系建设上，当前要重点做好三件事：一是尽快建立新闻记者职务行为规范准则和完善新闻采编不良从业记录制度，一方面通过规范记者的新闻采访行为，加强新闻队伍行业自律；另一方面通过限制有不良记录的人员从事新闻工作，净化新闻队伍。二是

进一步完善责任追究机制，一旦出现虚假报道，新闻出版行政部门就要追究包括当事人、总编辑在内的责任，新闻媒体也要建立健全责任追究制度，制定执行相应的处罚措施。三是针对采编队伍中存在的问题，建立完善新闻队伍建设机制。

第二道防线：完善社会监督机制，充分发挥群众监督的作用。

当年，在解放战争时期部分解放区开展的那场反“客里空”运动，其中一个重要经验，就是形成了群众监督的风气，落实了群众办报的思想，即从根据群众不满反省自身工作，再到改进工作中发挥群众对报纸的监督作用。

现在，有些媒体为了在激烈的竞争中取胜，不择手段，对事实不加核实就随意报道，有的甚至对一些不真实的事情大肆炒作。尤其是在进行舆论监督时，有的记者不去深入调查，在没有对事件全面、深入、客观挖掘的前提下，以偏概全，抢发所谓的“独家新闻”，甚至无中生有，策划制造所谓的“爆炸性新闻”，其目的只有一个，就是为了吸引更多人的眼球，结果，这种不负责任的行为导致了虚假报道的产生，使记者的正义形象和媒体的公信力大打折扣。

虚假报道的出现，虽然有这样那样的原因，但有一点应当引起高度重视，那就是社会监督机制尚不够完善，群众参与监督的积极性还没有充分调动起来、发挥出来。为此，一方面，新闻媒体可以通过设置举报电话或热线电话接受社会的监督，还可以邀请社外监督员进行监督。另一方面，群众或社会团体可通过向政府或行业组织举报来实现对新闻媒体的监督。

前一段时间，中央督导组相继深入各地检查指导专项教育开展情况时，看到了一些可喜的现象，许多地方的新闻单位都向社会公布了

本地区、本单位举报电话和电子邮箱，主动接受社会监督。浙江、湖北、山东、山西、重庆、四川等地的一些媒体，积极聘请社会监督员对自己媒体新闻报道的真实性进行监督，有些省级媒体还组织基层的社会监督员到他们单位进行座谈，找问题、查不足、商对策。

能够主动接受社会监督，是需要很大勇气的，反映了这些媒体的强烈的自信心和社会责任感。新闻媒体是党和人民的喉舌，新闻媒体在对社会进行舆论监督的同时，也必须敞开大门，坦然地接受社会的监督，接受群众的监督，只有这样，新闻媒体才能远离虚假报道，才能办得让群众满意。也只有这样，新闻记者才能赢得读者的信赖、群众的尊重和社会的公认。

第三道防线：加强行业自律，用好记者手中的权力。

从新闻报道的角度看，每一位新闻从业人员都是把关人，其素质高低直接影响到媒体的生存与发展。一个缺乏职业道德、没有责任感的编辑记者，是不可能把好新闻事实这一关的。因此，从这个意义上说，杜绝虚假报道必须从源头上抓起，切实加强行业自律，用好记者手中的权力。

加强行业自律，要求新闻从业人员必须强化职业操守和社会责任意识。每一个行业都有自己的职业操守、职业道德标准，新闻行业也不例外。2009 年 11 月，中国记协第三次修订通过的《中国新闻工作者职业道德准则》，再次强调了新闻工作者的职业操守和社会责任，明确提出新闻工作者要“认真核实新闻信息来源，确保新闻要素及情节准确”，“禁止虚构或制造新闻”，“摘转其他媒体的报道要把好事实关”，“刊播了失实报道要及时更正致歉”等。这是所有新闻从业人员必须牢记和遵守的，任何时候都不能动摇、不能丢掉。

《我们错了》

南国早报

2011年2月 16

此广告未付网上发布费
不能浏览查找 勿点击
广告咨询热线:
0771－5690548 8080777

南宁市居民家庭不能购买第三套房

《焦点访谈》报道本报《我们错了》

1月份我国CPI同比上涨4.9%

写病历引发怪象和潜规则

轨道交通1号线一期拟下半年开工

一男子持塑料手枪
当街抢劫驾车女子

公告

低至96折+5重豪礼

《南国早报》关于《我们错了》相关报道

加强行业自律，要求新闻从业人员必须强化主动自查自纠的意识。最近，广西日报传媒集团将下属的《南国早报》近10年来的57个新闻报道失实案例集中起来，编辑出版了《我们错了》一书，在社会上引起强烈反响。他们不回避过错，不避重就轻，这种敢于自曝家丑、解剖自我的勇气和自信，不仅表达了对读者和同行的歉意，更体现了新闻人对自己职业的高度负责精神。而人民日报的同志在专项教育的座谈学习中还总结出了一些经验，比如，大报不能跟着网络走，子报不能跟着名利走，网络不能跟着“水军”走，主编不能跟着记者走，编辑记者不能跟着情绪走。这些看似很口语化的结论，却扎扎实实地体现了报社的认真总结和深入思考。

加强行业自律，要求新闻从业人员必须强化作风建设、提高业务素质。远离虚假报道，对于新闻工作者来说，当下最重要的就是克服浮躁的工作作风，克服脱离群众、远离基层和现场的懒惰之风，脱离华而不实的写作文风。新闻的价值在于真实反映社会生活，而

只有深入基层、亲临现场、多方采访才能做到真实。只有不断强化作风建设，提高业务素质，才能培养锻炼出一支能够忠诚履行新闻工作者职责、承担起社会责任和历史使命的高素质新闻从业队伍。

尤其重要的是，在舆论监督中，更要提高自律意识。在现实中，我们也常会听到一些媒体的记者通过曝光等方式要挟企业变相付费的情况，或者接受被采访方的贿赂而说了假话，这种不良作风也常常会造成虚假报道的出笼。这几年，新闻出版行政部门也处理了不少这样的案件，这一点尤其需要新闻从业人员提高警惕，格外警醒。

第四道防线：完善惩处机制，加大对虚假报道打击力度。

要杜绝虚假报道，除了完善行政监管体系、完善社会监督机制、加强行业自律外，完善惩处机制，加大打击力度，也是一个非常重要的环节。一方面，制造虚假报道的人受到了应有的处罚；另一方面，对想要炮制虚假报道的人来说，也起到了一种震慑和警示作用。

中国新闻出版报

CHINA PRESS AND PUBLISHING JOURNAL

《成都商报》严肃处理虚假报道责任人

切实担负起新闻媒体的社会责任

新闻出版总署出台《数字印刷管理办法》

《成都商报》严肃处理虚假报道负责人。

实际上，新闻出版总署和各地新闻出版行政部门一直坚持严厉打击虚假报道现象，从来没有松懈过。2008 年至 2010 年，总署接到的新闻报刊领域群众举报案件数量分别为 780 件、519 件、475 件，其中有不少案件涉及虚假报道，都进行了认真核实和查处，举报数量呈逐年递减趋势的事实也说明，我们的打击力度在不断加大。

在对虚假报道的惩处上，除了新

闻出版行政部门加大查处力度之外，各地新闻媒体也加大了对本单位相关人员的处罚力度。有些情况恶劣、情节严重的案件还被移送司法机关处理。

从近年来发生的新闻侵权案例来看，由于舆论监督而引发的案件所占比重较之以前有所上升，这些案件都有一个共同点，那就是没有把客观、公正、真实这三个概念落在实处，落实到每一篇报道中，而致报道依据的事实是不真实的事实。

因此，在完善惩处机制方面，我认为应该从两方面入手，强化“两个互动”意识。一是加强行政查处与司法惩处的互动。在不少人眼中，总以为写虚假报道又不是杀人放火，不会带来多大后果，不会被判刑。而在现实中，近年来因制造虚假报道而进入司法程序、受到法律严惩的案例确有不少。因此，一方面，应加大对虚假报道责任人的查处力度；另一方面，对严重的虚假报道案件应及时移送司法机关，受到法律惩处。二是加强行政部门与新闻媒体的互动。行政部门作出行政处罚后，新闻媒体要认真配合，坚决查处，不能弄虚作假，草草了事，而要认真举一反三，堵塞造成虚假失实报道的各种漏洞，努力形成防范虚假报道的长效机制。

行政监管、社会监督、行业自律和惩处机制，这四道防线形成了一个从上到下、从外到内的监督网络，充分发挥好这四道防线的作用，相信虚假报道就会少一些，再少一些，直至杜绝。

（原载人民网 2011 年 3 月 28 日）

相关链接

新闻出版总署
《关于采取切实措施制止虚假报道的通知》

新出报刊〔2009〕290号

各省、自治区、直辖市新闻出版局，新疆生产建设兵团新闻出版局，解放军总政宣传部新闻出版局，中央和国家机关各部委、各民主党派、各人民团体报刊主管部门，中央各报刊出版单位：

近一段时间以来，由于一些报刊不断出现严重失实报道，个别采编人员炮制虚假新闻，一些报刊转载未经核实的报道，造成恶劣的社会影响，严重影响了正常的社会生产生活秩序，损害了新闻单位的权威性、公信力。为维护社会公众利益，保护新闻当事人合法权益，维护新闻单位和新闻工作者的良好形象，现就有关问题通知如下：

一、真实是新闻工作的生命。报刊出版单位要完善新闻采编管理制度，采取有力措施，确保新闻报道真实、全面、客观、公正。新闻机构及其新闻采编人员从事新闻采访活动，应坚持正确的舆论导向，维护国家利益和公共利益，要认真核实报道的基本事实，确保报道的新闻要素准确无误，不得编发未经核实的信息，不得刊载未经核实的来稿，不得徇私隐匿应报道的新闻事实。

二、新闻队伍是新闻工作的重要生产力。报刊出版单位要加强新闻队伍建设，切实把好进人关、用人关和考核关。聘用采编人员之前，必须对拟聘人员进行全面考查，严格审查其从业经历，对存在搞虚假报道、有偿新闻、利用新闻报道谋取不正当利益等不良从业记录的人员，报刊出版单位一律不得聘用。要建立健全采编人员上岗培训和在岗培训制度，要采取措施保证采编人员的学习时间，定期组织采编人员集中学习，加强马克思主义新闻观、法律法规、职业道德和专业素养等的学习和教育。

三、完善社会保障是稳定新闻队伍的重要保证。报刊出版单位要规范用工制度，建立健全采编人员社会保障制度。对符合新闻采编从业资格条件的人员，经考试、考核合格后，应按照《劳动合同法》等法律规定签订劳动聘用合同，及时为采编人员申领新闻记者证，按期做好采编人员的“三险”缴纳工作，按时足额发放采编人员工资并为采编人员正常开展工作提供完善的社会保障；要严格区分采编人员和经营人员身份，不得向采编部门及采编人员下达经营指标，经营人员不得以采编人员名义开展活动，采编和经营工作要做到部门分开、岗位分开、人员分开。

四、规范采访活动是确保新闻真实的重要保障。报刊出版单位要制订采编人员从事采编活动的规范要求，建立健全内部管理监督机制。报刊出版单位要进一步完善新闻报道的内部选题报批制度、采访安排计划和新闻稿件审签制度，进一步规范采访编辑流程，完善稿件三审制度；记者开展采访活动必须认真核实新闻消息来源，主动出示新闻记者证，全面采访新闻当事人，充分听取各方意见，确保新闻事实准确无误；记者报道新闻事件必须进行实地采访，严

禁依据道听途说制造或编写新闻，不得凭借猜测想象改变或歪曲新闻事实，杜绝无中生有、胡编乱造，严禁采编人员滥用舆论监督权，严禁采编人员利用采编活动谋取不正当利益。

五、严格审核转载内容是防止虚假、失实报道扩大传播的重要环节。转载新闻报道必须事先核实，报刊出版单位要建立健全新闻转载的审核管理制度。报刊转载新闻报道事先必须核实，确保新闻事实准确无误后方可转载，不得转载未经核实的新闻报道、社会自由来稿和互联网信息，严禁歪曲原新闻报道事实、擅自编写或改变原新闻报道内容的行为。

六、完善问责制度是遏制虚假、失实报道的重要手段。报刊出版单位要建立健全责任追究制度。因记者采访不深入、不全面、不客观导致报道失实的，报刊总编辑要代表单位在本报刊上公开道歉，报刊出版单位要追究相关责任人责任；因记者未实地采访，仅凭道听途说编写虚假报道的，报刊总编辑要代表单位通过本报刊和当地两家以上主要媒体公开道歉，报刊主管单位要追究报刊主要负责人以及记者、责任编辑、分管领导等相关责任人的责任；对蓄意炮制和炒作虚假新闻造成恶劣社会影响、损害国家形象和公共利益的，报刊总编辑应引咎辞职，主管单位要追究报刊负责人责任；因未核实转载虚假、失实报道的，报刊总编辑要代表单位在本报刊上公开道歉，报刊出版单位要追究相关责任人责任。

报刊刊载虚假、失实报道导致公民、法人或其他组织的合法权益受到侵害的，当事人可向人民法院提起诉讼。各级新闻出版行政部门要支持受害方依法维护合法权益。

七、报刊主管主办单位要切实履行管理责任，加强所属报刊的

导向管理，建立健全报刊管理制度，严肃查处报刊虚假、失实报道，严肃处理刊载虚假新闻的相关责任人，并向社会公开通报处理结果。

八、新闻出版行政部门要加强监管，严肃查处损害国家利益和公共利益的虚假、失实报道，责令有关报刊公开更正，并视情节轻重依法对报刊做出警告、罚款、停业整顿的行政处罚；对经查实采写虚假、失实报道的记者，要给予警告，并列入不良从业记录名单，情节严重的要吊销其新闻记者证，五年内不得从事新闻采编工作，情节特别严重的，终身不得从事新闻采编工作。各级新闻出版行政部门要采取有效措施，监督报刊主管主办单位对负有管理责任的报刊负责人做出处理。

各级新闻出版行政部门、各报刊主管主办单位要根据本通知精神，要求各报刊出版单位主动开展自查自纠，建立健全报刊采访活动的有关制度，进一步规范新闻采编工作，切实采取有效措施，制止虚假报道，切实维护新闻单位的公信力。

特此通知。

新闻出版总署

二〇〇九年三月二十四日

《中国新闻工作者职业道德准则》

——中华全国新闻工作者协会第七届理事会

第二次全体会议2009年11月9日修订

中国新闻事业是中国特色社会主义事业的重要组成部分。新闻工作者要坚持以马克思列宁主义、毛泽东思想、邓小平理论和“三个代表”重要思想为指导，深入贯彻落实科学发展观，高举旗帜、围绕大局、服务人民、改革创新，贴近实际、贴近生活、贴近群众，用马克思主义新闻观指导新闻实践，学习宣传贯彻党的理论、路线、方针、政策，继承和发扬党的新闻工作优良传统，积极传播社会主义核心价值体系，努力践行社会主义荣辱观，恪守新闻职业道德，自觉承担社会责任，敬业奉献、诚实公正、清正廉洁、团结协作、严守法纪，做到政治强、业务精、纪律严、作风正。

第一条　全心全意为人民服务。要忠于党、忠于祖国、忠于人民，把体现党的主张与反映人民心声统一起来，把坚持正确导向与通达社情民意统一起来，把坚持正面宣传为主与加强和改进舆论监督统一起来，发挥党和政府联系人民群众的桥梁纽带作用。

1. 积极宣传党和政府的重大决策部署，及时传播国内外各领域的信息，满足人民群众日益增长的新闻信息需求，保证人民群众的

知情权、参与权、表达权、监督权；

2. 牢固树立群众观点，把人民群众作为报道主体和服务对象，多宣传基层群众的先进典型，多挖掘群众身边的具体事例，多反映平凡人物的工作生活，多运用群众的生动语言，使新闻报道为人民群众所喜闻乐见；

3. 积极反映人民群众的正确意见和呼声，批评侵害人民利益的现象和行为，依法保护人民群众的正当权益。

第二条　坚持正确舆论导向。要坚持团结稳定鼓劲、正面宣传为主，唱响主旋律，不断巩固和壮大积极健康向上的舆论。

1. 始终坚持以经济建设为中心，服从服务于改革发展稳定大局不动摇，着力推动科学发展、促进社会和谐；

2. 宣传科学理论、传播先进文化、塑造美好心灵、弘扬社会正气，增强社会责任感，坚决抵制格调低俗、有害人们身心健康的内容；

3. 加强和改进舆论监督，着眼于解决问题、推动工作，坚持准确监督、科学监督、依法监督、建设性监督；

4. 采访报道突发事件要坚持导向正确、及时准确、公开透明，全面客观报道事件动态及处置进程，推动事件的妥善处理，维护社会稳定和人心安定。

第三条　坚持新闻真实性原则。要把真实作为新闻的生命，坚持深入调查研究，报道做到真实、准确、全面、客观。

1. 要通过合法途径和方式获取新闻素材，新闻采访要出示有效的新闻记者证。认真核实新闻信息来源，确保新闻要素及情节准确；

2. 报道新闻不夸大不缩小不歪曲事实，不摆布采访报道对象，禁止虚构或制造新闻。刊播新闻报道要署作者的真名；

3. 摘转其他媒体的报道要把好事实关，不刊播违反科学和生活常识的内容；

4. 刊播了失实报道要勇于承担责任，及时更正致歉，消除不良影响。

第四条　发扬优良作风。要树立正确的世界观、人生观、价值观，加强品德修养，提高综合素质，抵制不良风气，接受社会监督。

1. 强化学习意识，养成学习习惯，不断提高政治和业务素质，增强政治意识、大局意识、责任意识，努力成为专家型新闻工作者；

2. 深入基层、贴近群众、体验生活，在深入中了解社情民意，增进与群众的感情；

3. 坚决反对和抵制各种有偿新闻和有偿不闻行为，不利用职业之便谋取不正当利益，不利用新闻报道发泄私愤，不以任何名义索取、接受采访报道对象或利害关系人的财物或其他利益，不向采访报道对象提出工作以外的要求；

4. 尊重新闻同行，反对不正当竞争。尊重他人的著作权益，引用他人的作品要注明出处，反对抄袭和剽窃行为；

5. 严格执行新闻报道与经营活动分开的规定，不以新闻报道形式做任何广告性质的宣传，编辑记者不得从事创收等经营性活动。

第五条　坚持改革创新。要遵循新闻传播规律，提高舆论引导能力，创新观念、创新内容、创新形式、创新方法、创新手段，做

到体现时代性、把握规律性、富于创造性。

1. 深入研究不同传播对象的接受习惯和信息需求，主动设置议题，善于因势利导，不断提高舆论引导能力和传播能力；

2. 认真研究传播艺术，利用现代传播手段，采用受众听得懂、易接受的方式，增强新闻报道的亲和力、吸引力、感染力；

3. 善于利用新载体、新技术收集信息、发布新闻，提高时效性，扩大覆盖面。

第六条　遵纪守法。要增强法治观念，遵守宪法和法律法规，遵守党的新闻工作纪律，维护国家利益和安全，保守国家秘密。

1. 严格遵守和正确宣传国家的民族区域自治制度、各民族平等团结和宗教信仰自由政策，维护国家主权和社会稳定；

2. 维护采访报道对象的合法权益，尊重采访报道对象的正当要求，不揭个人隐私，不诽谤他人；

3. 维护未成年人、妇女、老年人和残疾人等特殊人群的合法权益，注意保护其身心健康；

4. 维护司法尊严，依法做好案件报道，不干预依法进行的司法审判活动，在法庭判决前不做定性、定罪的报道和评论；

5. 涉外报道要遵守我国涉外法律、对外政策和我国加入的国际条约。

第七条　促进国际新闻同行的交流与合作。要努力培养世界眼光和国际视野，积极搭建中国与世界交流沟通的桥梁。

1. 在国际交往中维护祖国尊严和国家利益，维护中国新闻工作者的形象；

2. 积极传播中华民族的优秀文化，增进世界各国人民对中华文

化的了解；

3. 尊重各国主权、民族传统、宗教信仰和文化多样性，报道各国经济社会发展变化和优秀民族文化；

4. 积极参加有组织开展的与各国媒体和国际（区域）新闻组织的交流合作，增进了解、加深友谊，为推动建设持久和平、共同繁荣的和谐世界多做工作。

附则：对本《准则》，中国记协各级会员单位要结合实际制定相应实施细则，认真组织落实；全国新闻工作者要自觉执行；各级各专业记协要积极宣传和推动，欢迎社会各界监督。

李东东“讲传统谈新闻”专栏⑪

用良心守望社会

媒体是社会的良心。“笔下有财产万千，笔下有毁誉忠奸，笔下有是非曲直，笔下有人命关天。”系一笔而重千钧，新闻记者职业的社会影响之大，公众效应之强，是任何其他职业都不能相比的。无论是在铅与火的昨天，还是新媒体日新月异的今天，这一点都没有改变。也正因此，似乎应该特别强调，新闻人要用良心守望社会。

范长江同志

用良心守望社会，是新闻记者的天职。美国的约瑟夫·普利策曾经说过：倘若一个国家是一条航行在大海上的船，新闻记者就是船头的瞭望者。他要在一望无际的海面上观察一切，审视海上的不测风

长江先生：

那次很仓促，对不住得很！你的文章我们都看过了，深致谢意！

寄上谈话一份，祭黄陵文一纸，借供参考，可能时祈为发布。甚盼时赐教言，匡我不逮。敬颂

撰祺！

毛泽东

四月九日

毛泽东主席给范长江同志的亲笔信

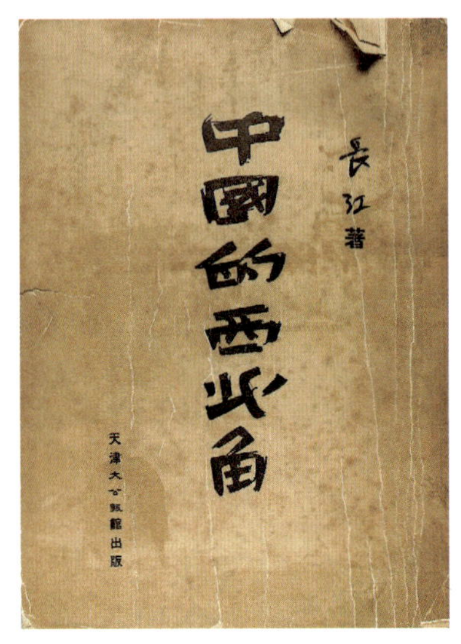

《中国的西北角》（天津大公报馆出版）

云和浅滩暗礁，及时发出警报。在我们党的新闻事业史中，就有这样一批用良心守望社会的新闻工作者。

范长江同志在一首纪念鲁迅的诗中这样写道："手无寸铁兵百万，力举千钧纸一张。坚持真理勇战斗，先生火炬照四方。"这是正直正派的新闻工作者的座右铭，也是范长江用良知守望社会的真实写照。1935 年 5 月，还不是正式记者的范长江以《大公报》旅行记者的名义开始了他著名的西北之行。这次西部之行历时 10 个月，行程 4000 余里，取得了丰硕成果。他沿途写下大量旅行通讯，真实地记录了中国西北部人民生活的困苦，对少数民族地区有关宗教、民族关系等问题也作了深刻的表述；更为可贵的是，范长江第一次以写实的笔法公开、客观地报道了红军长征的踪迹。这些通讯陆续发表于《大公报》后，在全国引起了强烈反响，汇编为《中

国的西北角》一书后，出现了读者抢购潮，数月内，连出七版，一时风行全国。周恩来称赞范长江的通讯说："我们惊异你对我们行动的研究和分析。"

1936 年 12 月，西安事变发生后，已经成为大公报社正式记者的范长江毅然决定涉险去西安、延安等地进行采访，"一探中国政治之究竟"。1937 年 2 月 2 日傍晚，27 岁的范长江终于在乱军丛中，顶风冒雪抵达西安。他先后采访了杨虎城和周恩来，写出了《动荡中之西北大局》。这篇文章像一枚炮弹，冲破了国民党的新闻封锁，让西安事变的真相大白天下，而且明晰地传达了中国共产党抗日民族统一战线的政策和主张，轰动朝野，人们争相购阅，引起蒋介石震怒，将正在南京的《大公报》总编辑张季鸾狠骂了一通，并命令此后严加检查范长江的文章和私人信件。

新中国成立后，一大批党的优秀新闻工作者坚持深入实际，深入群众，调查研究，始终保持与人民群众的血肉联系，从人民群众的伟大实践中汲取精神营养，全新阐释、升华"用良心守望社会"的现实含义，穆青就是其中的一位。在 20 世纪中国新闻史上，许多新闻名篇是与他的名字连在一起的，其中最为著名的就是《县委书记的榜样——焦裕禄》。1965 年，新华社副社长穆青因为别的采访报道顺路来到兰考，听到焦裕禄的事迹后立即改变了原来的采访计划，召集十多名了解焦裕禄的相关同志到办公室

焦裕禄同志

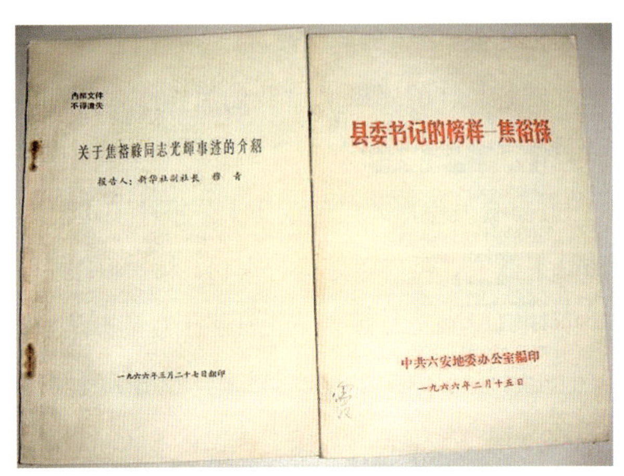

《县委书记的榜样——焦裕禄》

开会。听着焦裕禄在大雪封门的日子，自己扛着粮食走进饥寒交迫的五保户的柴门；以重病之躯领导着兰考36万群众向风沙、内涝、盐碱誓死抗争的感人事迹，看着他那破得不成样子的被褥、鞋袜，在场的人都哭了。一夜不眠，《县委书记的榜样——焦裕禄》成文。

写这篇稿子时，记者们还面临着两个风险：一是要不要提阶级斗争。新中国成立之后，中国社会从1957年开始一直在强调阶级斗争，到1966年穆青和冯健、周原一起写焦裕禄的时候，已经有8年时间。但他们发现，在写焦裕禄时，强调阶级斗争很不合乎这一采写对象的事实，焦裕禄的闪光点恰恰在于他“救灾、抓生产”。第二个风险是敢不敢讲真话，敢不敢说灾难。不讲灾情，焦裕禄救灾、抓生产就没有大背景；说了真话，如实写出灾情，肯定会犯大忌，很难说后果将是什么样子。这是一个艰难的选择。怎么写？穆青说：“就原原本本地写。这么一个县委书记，全心全意为人民服务，群众又这么热爱他，怀念他。在他身上体现了一个共产党员全部的优秀品质。一个共产党员应该做到的他全做到了。我们一定要把他写出来！再笨也要把他写出来！不把他写出来，我们就对不起

人民!”就这样，穆青顶着压力，在《县委书记的榜样——焦裕禄》中，不仅真实地写出了兰考的灾情，而且通篇未提阶级斗争。文章改好后，新华社社长、人民日报总编辑吴冷西带着穆青去找当时主持中央书记处工作的彭真同志，当面陈述了他们的观点。彭真拍板：发！文章发表后，焦裕禄的名字传遍了全国，成为家喻户晓的模范。而穆青，也再次用他的实际行动践行了他牢记一生的四个字：勿忘人民！他说：“我们要牢牢记住人民，只要对人民有感情，就能写出好新闻作品。我们就是需要那种同群众有血肉联系、对群众有深厚感情的记者，而不是那种高高在上的、自己把自己放在人民之上、放在党之上的记者。”

穆青同志

新时期的新闻记者同样秉持着这些优秀的传统。他们本着对党和人民高度负责的态度，在忠实记录历史、推动社会进步中贡献出自己的力量。铁肩担道义，患难见大爱。负责任的新闻记者在做好日常报道的同时，也在突发性事件的报道中，尽到了用良知守望社会的天职，交出了令人民满意的答卷。

以 2008 年 5·12 汶川特大地震为例，全国众多新闻记者第一时间赶至现场，冒着生命危险，把群众受灾情况、政府救治举措等信息第一时间准确发布出来，赢得了全世界媒体的尊重。5 月 12 日，结束奥运火炬珠峰传递报道的中央电视台记者张泉灵刚刚回

张泉灵在汶川地震灾区现场采访。

到拉萨，大地震发生了。张泉灵的第一反应是：这可能是比 32 年前唐山大震更大的一次灾难，而前方灾情不明，我得去现场！她说，这时候到一线去，不是我个人的选择，而是一种职业的天性使然。5 月 13 日，顾不上休息的张泉灵挤上了震后拉萨飞往成都的第一班飞机。打通生命线、直播受困者被救出、抓拍百姓给军队自发送蔬菜——张泉灵和她的同事，用一个个镜头，帮助外界了解灾区的情况；帮助惊恐与悲伤中的灾区人民鼓起勇气；坚定了灾区群众对党在、政府在、人民军队在，老百姓就在的信心。在抗震救灾英模报告会上，张泉灵在《汶川 · 向世界报道》的报告中说："在大灾难中，我们用最快的速度，让全世界都看到了，一个古老而又新生的民族，万众一心，共赴国难！大灾难中，我们用最人性的方式，让全世界都看到了，一个国家的坚韧与大爱！这就是

简光洲同志

最真实的中国，我的祖国!”

2008年，另一个记者的名字不应该被遗忘。他就是刚刚毕业5年、在《东方早报》任职的普通特稿记者简光洲。2008年9月11日，《东方早报》A20版以半版篇幅，刊登了他的长篇报道《甘肃14婴儿同患肾病 疑因喝“三鹿”奶粉所致》，第一次点出问题奶粉公司的名字。而此前媒体都对此语焉不详，简光洲经过大量采访核实，点出了三鹿的名字。在质检结果没有出来之前，发表这篇文章，风险实在难以预料，简光洲很可能会坐上被告席，甚至会被扣上“打击民族品牌”的罪名。年迈的父母也从老家打来电话关切地问道：“这报道能不能不做?”简光洲回答他们：“好多婴儿可能会因为这奶粉而死亡啊!”一石激起千层浪，中国的乳品企业、食品行业安全问题引起全社会的关注。党中央、国务院迅速作出重大部署，国家质检总局紧急在全国开展了婴幼儿配方奶粉三聚氰胺专项检查。9月11日晚，三鹿公司也终于宣布召回奶粉。上千个孩子得到及时救治，上亿个家庭得以避免再被毒奶粉所害。《甘肃14名婴儿同患肾病 疑因喝三鹿奶粉所致》因此获得中国新闻奖。简光洲对采访他的记者说，“换作你也会同样做，点名报道确实有风险，但如果不点名，我会感到良心上的不安。”在这篇文章之后，他被很多网友称为“中国新闻界的良心”。他说，在这场关乎每个人切身利益的食品质量事件中，舆论力量强大，政府行动迅速，都交出了一份合格的答卷。

用良心守望社会，最重要的是具有坚定的信仰，要有对新闻职业的深沉的爱。“新闻是一种最具魅力的职业。如果有人问我，做新闻工作最重要的政治素质是什么？我的回答是：就是对党的新闻

事业的深沉的热爱”——范敬宜这样认为。而穆青的一生则展示了这样的人生轨迹：一个有信仰的记者才是一个有灵魂的记者；一个有信仰的人才是一生永不枯竭的人！也就是说，新闻工作者要真正成为社会良心的守望者，就要把马克思主义新闻观和社会主义荣辱观落实到具体行动中去。要从对人民负责、对社会负责和对历史负责三个方面，提高对培养新闻职业精神重要性的认识。

要加强新闻记者的实践修养，按照《中国新闻工作者职业道德准则》进行严格的、不间断的岗位培训。要加强自律，常抓不懈，在守望社会的同时，做好自我守望。因为新闻职业精神的缺失，最终出在道德和良心萎缩、泯灭的病灶上。也就是说，首先要做好人，才能做好文，做好记者。

要迈开双脚，心贴群众，一竿子插到底，在走访基层中发现题材，提炼主题。要不断提高和充实自己，勤于学习思考，善于发现问题，努力拥有追求真善美、辨别黑与白、为人民鼓与呼的能力。

如果做到了这些，我们的数十万新闻工作者中，会涌现更多的优秀的社会守望者。

（原载人民网 2011 年 4 月 4 日）

李东东“讲传统谈新闻”专栏⑫

党的新闻史上最悲壮的一页（上）

七七事变后，我的父亲李庄同许许多多爱国青年一样，因为抗日救国而投身革命，“一声炮响上太行”；解放战争后期，“一肩行李下太行”，在河北省平山县里庄，参与创办中共中央机关报，随中央“进京赶考”。战争与和平，革命与建设，历“十年浩劫”，经改革开放，在岗工作近半世纪，20 世纪 80 年代中期成为中央党报第一个“平安着陆”的总编辑。

退居二线，父亲有许多事情要做可做，而萦绕他心头多年、念念不忘的一件事，就是回到他青年时代战斗的太行山，看望他的牺牲在 1942 年 5 月反扫荡的战友。新闻英烈长眠在太行山腹地清漳河畔的山坡上，当时已四十多年了。

烈士鲜血洒在十字岭。

山西省左权县麻田镇，清漳河畔西山村的

太行新闻烈士纪念碑

山坡上，耸立着“太行新闻烈士纪念碑”。纪念碑背靠千仞绝壁，面向东方，那正是通往当年华北《新华日报》驻地山庄村的方向。

1942 年 5 月，日军对驻扎在太行山区的八路军总部进行了残酷的大扫荡，时任八路军副参谋长的左权将军壮烈殉国。（需要说明的是，八路军总部一直在延安。在山西辽县麻田镇的，是八路军前线总指挥部。但多年来后人习惯于这么说，各种出版物中也这样表述，故从之。）在这次扫荡中，与敌人顽强斗争、最后英勇捐躯的，还有 46 位新闻战士，为华北敌后新闻事业作出重要贡献的何云同志就是其中一位。这也是党的新闻事业史上一次牺牲人员最多的一场战斗。

攀上八十余级台阶，面向纪念碑，碑的正面是杨尚昆同志于

1985年题写的“太行新闻烈士永垂不朽”；左面刻着陆定一同志的题词：“一九四二年五月，华北新华日报社社长何云等四十余位同志壮烈牺牲，烈士们永垂不朽。”碑的右面为《何云同志简历》，介绍了这位热血洒在太行山上的新闻战士的光辉战斗历程。碑的背面为何云、李竹如等太行新闻烈士英名录。

那段烽火硝烟、血雨腥风的战斗岁月，距今已近70年了。最近人民出版社因承办新闻出版总署向全国各地有代表性的贫困地区、革命老区、边远地区赠送《中国家庭应急手册》活动，前往山西省左权县。人民出版社副社长任超同志有感于我父亲一代新闻人与太行山的生死情谊，有感于我对革命前辈的深厚感情，代我向长眠在山西左权新闻烈士陵园的革命先烈敬献了花篮。

任超同志为此写给我的信，令我感动，他告诉我左权的同志们都记得我父亲是1986年回到太行山的，那是他退居二线的当年；

新华日报（华北版）编辑部旧址

《新华日报》（华北版）社长兼总编辑何云

任超同志还写道："赠书活动期间，我们一行两次前往太行新闻烈士纪念碑，祭奠牺牲在左权的包括您父亲的亲密战友何云同志在内的五十余位新闻出版烈士，并代表您本人和新闻出版总署敬献了花圈。人民出版社，中国新闻出版报，山西省新闻出版局，左权县委、县政府也分别敬献了花篮。在敬献花圈过程中，我从您在清华的演讲录中摘取了部分相关内容作为您的祭词宣读，我本人在麻田镇八路军总部赠书仪式的讲话中，也提到相关内容，令在场数百名干部群众深受感动。此事事先未及征求您的意见，望您谅解。"

出版社的同志们在纪念现场感受到了庄严、肃穆、震撼。父亲当年回去，置身太行山山水水，遥想抗战艰难岁月，缅怀牺牲革命战友，应当更是感慨万千。

何云原名朱士翘，1904年生于浙江省上虞县朱巷乡一个贫苦农民家庭。1927年大革命失败后，白色恐怖笼罩全国，何云1928年到上海寻求革命道路，经人介绍到复旦大学学习半年，于次年赴日本早稻田大学读经济系，后转入铁道学校学习。1931年"九一八"事变发生，出于中国人决不做亡国奴的民族自尊心，出于对日本侵略者的万分仇恨，何云毅然停学回国，参加了抗日救亡工作。1938年初赴武汉，参与筹办《新华日报》。同年底，被派往华北敌后，在

山西沁县创办《新华日报》（华北版），任社长兼总编辑，后兼任新华社华北总分社社长。

1938年秋季，党中央决定在晋东南创办中共中央北方局机关报——《新华日报》（华北版），从而在广阔的华北战场上，开辟一块紧密配合军事斗争的新闻阵地。杨尚昆同志在一篇纪念文章中写道："华北《新华日报》在创办的时候，一切设备都是极不完全的，只有一副破烂的机器和一副老五号的铅字，既无铜模又无浇字炉，粗陋之情可以想见。在何云同志擘画之下，三年多来已成为敌后华北唯一规模宏大的机构，这种克服困难辛苦缔造的精神，是我们应该学习的。"

1939年元旦，《新华日报》（华北版）创刊号出版，何云被任命为社长兼总编辑，这份报纸成为华北敌后新闻事业的一面旗帜。1939年10月19日，经北方局决定，所有华北战报和新闻，用"华北新华社"的电头向延安新华总社和华北各抗日根据地播发。1941年初，正式成立新华社华北总分社，何云兼任总分社社长。

当时，报社与通讯社是合在一起的，由报社编辑科（后由电讯科）肩负起通讯社的任务，从那以后，"华北新华社"或"新华社华北分社"的消息，频频出现在各抗日根据地的报纸上。华北《新

《新华日报》（华北版）当时使用的印刷机

当时的《新华日报》等出版物

华日报》和新华社华北总分社成为敌后根据地的坚强宣传阵地。创刊不到两年，这份报纸发行量就达到三万多份，成为太行山区军民喜爱的读物。

何云同志热爱党的新闻事业，带领着这支年轻的队伍，把全部心血精力灌输到报纸的编辑、排版、校对、印刷、发行的全过程中，每一张报纸都是射向敌人的一颗子弹。报社先后经历了 7 次反“扫荡”，多次搬家，在行军转移中，不能出铅印版，就出油印号和战时电讯版。尽管战斗非常频繁，但始终坚持出报，基本上没有中断。

《新华日报》(华北版)自 1939 年 1 月 1 日创刊，至 1943 年 9 月 25 日终刊，共出报 845 期，铅印捷报 15 期，铅印战时版 4 期。在硝烟弥漫的年代，《新华日报》(华北版)的记者，亲临前线、深入敌后，采写了许多激动人心的新闻报道。他们揭露了日伪军在各抗日根据地连续不断的“扫荡”“围攻”中强行杀光、烧光、抢光的“三光”暴行；充分反映华北敌后军民浴血奋战、坚持抗日所取得的胜利；宣传了我党坚持抗日民族统一战线的基本方针。

1940 年，我军发动了粉碎日军“囚笼政策”的“百团大战”,《新华日报》(华北版)随军记者写出大量战地通讯，及时报道胜利成果，并报道了战斗英雄人物奋不顾身、英勇杀敌的精神风貌，极大地鼓舞了广大军民的斗志，增强了人们取得抗战胜利的信心。朱德总司令曾称赞：“《新华日报》一张顶一个炮弹，而且天天在和日寇作战。”

1942 年 5 月，日军调集重兵，对我太行区军民进行了反复“扫

荡”，抗日战争进入最艰苦的阶段。5月下旬，日军向华北抗日的中坚——八路军总部驻地山西辽县麻田和华北《新华日报》、新华社华北总分社驻地山庄村，进行了所谓“铁壁合围”和“篦梳式”的大扫荡。

何云同志和报社全体工作人员，在反击日军“扫荡”、处境极为困难的情况下，不顾个人安危，一面同敌人周旋，一面坚持出版《新华日报》（华北版），并向延安新华总社发战报。铅印的战时版第一号和第二号，就是在左权将军牺牲的前一两天在辽县山庄村出版发行的。

当敌人缩小了包围圈，来不及突围时，何云领导大家化整为零，钻进山坳崎岖、石笋耸立的山上的沟沟岔岔和灌木丛中，就地分散隐蔽。他们连续几天忍饥挨饿，露宿山野，凭借着天然屏障和特殊地形，在群众掩护下自卫应战。

感到已经不能突破敌人重围时，何云对身边的同志说：“不要把子弹打光了，留下最后的两颗，一颗打我，一颗打你自己，我们不能当俘虏！”5月28日黎明，正在大羊角村山坡上隐蔽的何云，不幸背部中弹负重伤，当即昏倒在地。当医护人员把他抢救醒来时，他的第一句话就是：“我的伤不很严重，快去抢救倒在那边的同志吧！”可是，当医护人员检视完别的伤员再来看他时，他已经流尽了最后一滴血，年仅38岁。

当时，女共产党员黄君珏带领女译电员王健、女医生小韩等一同隐蔽在峭壁上一个山洞里，6月2日被清剿的敌人发现。黄君珏突然跃出，以手枪连续射击，打倒几名敌人。敌人气急败坏地从后山爬上山顶，用绳子将柴火吊下来，点火焚烧洞口，黄君珏

抱着宁死不当俘虏的决心，冲出洞外打死几个敌人，然后飞步跳下悬崖，壮烈牺牲，时年 30 岁。王健、小韩被敌人杀害，王健当时年仅 16 岁。

（原载人民网 2011 年 4 月 11 日）

李东东“讲传统谈新闻”专栏⑬

党的新闻史上最悲壮的一页（下）

在同人民网编辑商讨“讲传统谈新闻”这个专栏的结构时，初步拟定二十讲，作为第一阶段。在二十讲里用两讲来谈党的新闻史上最悲壮的一页，是因为这段鲜血写就的历史实在厚重、肃穆、可歌可泣，而据我了解，由于时间过去七十多年，今天，人们已不大知道了。

我从父亲的回忆和有关文章、资料中，找到了这样一些描述，有的平实客观，有的惊心动魄。

关于八路军总部的突围战役，史料记载很少。在山西辽县县志中，这样写道：“1942 年 9 月 18 日，辽县、辽西县合并，正式更名为左权县，纪念在本年五月‘反扫荡’战役中英勇牺牲在辽县麻田的左权将军。”

这不是一场胜仗，八路军总部在这次战斗中吃了大亏。没有一份材料能够表明，被包围的八千人中，到底有多少人牺牲，唯一能肯定的是，那不是一个小数。

新华社有关资料是这样记载的：“1942 年 5、6 月间，日本侵

华总司令冈村宁次纠集三万多精锐部队，突袭我八路军总部，进行‘铁壁合围’。新华社华北总分社，四十多位同志在突围中英勇牺牲。”

前面讲过，抗战期间，《新华日报》（华北版）与新华社华北总分社是“报”“社”一家，《新华日报》（华北版）编辑科就是新华社华北总分社编辑部。新华社当时处于发展时期，“报”“社”是一套人马、两块牌子，报社记者编辑也是新华社记者编辑。新华社在整个抗日战争中共有一百一十多位新闻工作者殉职，在这次突围中就牺牲四十多人，将近二分之一，可以想见战斗的惨烈。前面提到的报社经理部秘书部主任黄君珏的牺牲，尤堪追忆。

黄君珏是湖南湘潭人，毕业于复旦大学经济系。在突围战中跳崖牺牲，英勇殉国。在对黄君珏事迹的介绍中，她的爱人王默磬的一封给其岳父的信，是一封不同寻常的家信，记述了妻子殉难的过程。王默磬也是报社工作人员，当时他身负重伤，奄奄一息，就倒在离黄君珏不足五十米处。侥幸的是，他活了下来，成为八路军总部突围中见证那惨烈史实全过程的人。他在给他的岳父黄友郢老先生的信中这样写道：

夜九时，敌暂退，婿勉力带伤行，潜入敌围，寻到遗体，无血无伤，服装整齐，眉头微锁，侧卧若熟睡，然已胸口不温矣。其时婿不知悲伤，不觉创痛，跌坐呆凝，与君珏双手相握，不知所往，但觉君珏亦正握我手，渐握渐紧，终不可脱！山后枪声再起，始被惊觉，时正午夜，皓月明天，以手掘土，暂行掩埋。

吾岳有不朽之女儿，婿获贞烈之妻，慨属民族之无上光荣！

而从敌人对此战的记录看，日本防卫厅在 20 世纪 80 年代出版

的《华北治安史》中，详尽记录了日军“围剿”八路军总部的作战行动，并且提及了神秘诡异的杀人挺进队。

晋冀豫边区肃正作战（C 号作战）

（5 月 15 日—7 月 20 日）

敌情：共军第 18 集团军总部（即八路军总部）及 129 师仍盘踞于晋冀豫边区的山岳地带（太行军区）及沁河中游的河畔地带（太岳军区），屡次巧妙避开日军讨伐的锋芒，企图扩大其势力。

第一军于 5 月 8 日下达了第一期作战命令。

……

独立混成第三、第四旅团及协同作战的第一、第八旅团，对涉县北面的共军根据地，从东面、北面构成了封锁线，第 36 师团进其西面和南面，从而完成了对共军的包围圈。

24 日晨，各兵团同时开始进攻，在各地与大大小小敌人发生战斗，追击包围圈内的敌人。

26 日，第三旅团正面的敌人继续进行顽强抵抗，而 36 师团正面的敌人，已经击溃四散逃跑。

《华北治安战》

《华北治安史》中是这样介绍杀人挺进队的：

根据第一军的要求，第 36 师团的两个步兵联队分别编成“特别挺进杀人队”，其任务是深入敌后捕捉敌首脑

（朱德、彭德怀、金永德、左权及刘伯承等），如不得手也应搅乱敌指挥中枢，报告敌主力方向及所隐藏之军需品。

我们可以从中想见这场战斗的惨烈。冈村宁次调集了最精锐的部队和空中支援，组织了从暗杀到“围剿”的周密计划，企图一举歼灭八路军首脑机关和有生力量。

在 1942 年 5 月那些惊心动魄的日子里，日本人追杀着八路军数千人的后勤机关、学校、报社、医院、剧团等。但是，如《华北治安史》中所承认，日本军队也遇到了顽强的抵抗，这是保护总部突围的作战部队。

这支八路军作战部队的人数很少，所有资料表明，可能不足三百人。三百人对两万人，还有被敌两万精锐部队包围追杀的八千之众八路军文职人员，这场仗很难想象怎么打。

担任掩护的部队营长姓李，敌人的枪炮声已迫近总部，李营长心急如焚，一次次请求总部首长立即转移。性格倔强的彭老总一直不走，他要所有的总部机关撤离后再离开。总部副参谋长左权下令牵来了战马，他和几个警卫人员把彭老总架了上去。这时候，敌人的飞机已经在南艾铺上空盘旋，左权指挥着大队

日军“杀人挺进队”伪装成八路军。

人马向后山撤退，左权走过李营长的时候，停了下来。

左权沉默了一会儿，说：明白你的任务吗？

李营长说：明白。

左权问：哪一年入伍？

李营长说：一九三〇年。

左权说：谢谢。

左权将军

李营长这三百多官兵是全部阵亡了还是有人杀出重围？没有记载。李营长本人在激战中一次打退敌人时，眼睛已被血糊住，他倔强地站起来，摸索着把露出的肠子塞进腹腔，满怀希冀地问战友：鲁艺的同志呢，都冲出去了吗？而那些被围追的人，从悬崖纵身扑向大地。深谷接连不断地回响着物体坠落和撞击的声响。他们有儒雅的学者也有稚嫩的少女，他们是身怀六甲的母亲也是敦厚平实的工人，他们选择尊严的时候也选择了死亡，而且选择得从容不迫。

在生还者的回忆中，这样的场景令人震撼：人们向峭壁走去，那儿站着一个年轻人，他拉着一匹正在惊跳的骡子，他的眸子在落日里闪闪发亮。

“有枪的留下，没枪的跳崖！”

峭壁下面是一条深谷，大约有两公里长，据当地的老乡说，当年这条峡谷里到处是殉难的八路军人员的尸体，还有拉下去的骡和马。他们视死如归，什么都不留给敌人。

反扫荡战斗中的女新闻工作者

父亲在他的回忆录中这样记录悲壮的1942年——

这一年太行区是在严重的天灾、人祸中度过的。人祸极重，来自敌人。经过几年的较量，敌人发现摧毁根据地、特别是消灭八路军主力十分困难。但它亡我之心不死，一方面在敌占区推行第三次“治安强化”，加强镇压和搜刮，断绝敌占区人民支援根据地军民进行抗战的任何可能；一方面加紧对根据地“扫荡”，彻底实行杀光、烧光、抢光的“三光政策”，消灭抗战军民的斗争条件。抗战前几年，敌人在春耕、秋收时必对根据地进行大“扫荡”，其战略目标是消灭或削弱我抗战有生力量，同时破坏我军民生死攸关的农业生产。1942年敌人对太行根据地边沿区的小规模“扫荡”从未间断，大规模“扫荡”也在调整部署后接踵而来。新闻、文化机关一般都位于腹心区的安全隐蔽地区，过去反“扫荡”很少遭受损失。这一年，《新华日报》竟牺牲总编辑何云、编辑黄中坚、缪乙平等四十六位同志，占全社人员五分之一。诗人高咏、作家蒋弼、乔秋远当时已很有名气，和我同被推为晋冀豫文联理事，也在反“扫荡”

中牺牲。

我作为随军记者参加过不少战斗，基本是伏击、奇袭，就是说，发挥我军主动、隐蔽、灵活、快速的特长，主动进攻，打了就走，总是处于主动地位，以较小的代价取得较大的胜利。这次不同，陷入敌人合击圈，被重重包围，完全被动。当时六架敌机擦着山头低飞，疯狂轰炸扫射，石破天惊，山鸣谷应；重要山口都被敌人火力封锁，机枪声如骤雨一般；声如巨雷的山炮、迫击炮的轰鸣，更使战斗经验较少的同志心神震动。马嘶人涌，万分紧张。

左权将军亲率少数警卫部队，以一当百，拼死抗击，逐山争夺，掩护彭德怀将军和机关人员突围。左权身穿缴获的日军黄呢大衣，目标十分明显，临危不惧，抵前指挥，被敌迫击炮弹击中，壮烈殉国。各单位非武装人员互不统属，面对险恶处境，仍然沉着镇定，服从警卫部队指挥，分散突围或就地隐蔽，尽量减少被围受击的损失。敌人在太（行）北合围圈内“抉剔清剿”数日，于6月初将作战重点逐步移到太（行）南、漳（河）北。我跳出包围圈的主力部队相机转回内线，配合地方武装和广大民兵，于6月19日将窜入腹心区的敌军全部击出根据地。

敌人这次“扫荡”作战，用兵之多，来势之猛，手段之狡猾狠毒，持续时间之长，都是前所未有的。但因我也有准备，敌在我腹心区肆虐月余，虽使我一些人员、物资遭受损失，但远未达到“聚歼”我主力部队和指挥机关的罪恶目的。7月1日，我领导机关在八路军总部驻地举行“太行纪念抗战五周年、追悼左权将军暨诸死难烈士、庆祝反‘扫荡’胜利大会”，彭德怀将军（八路军总司令朱德将军已于1940年从太行回延安）、八路军野战政治部主任罗瑞

卿、朝鲜革命先辈金白渊、日本觉醒联盟代表新川等先后讲话，表示“继承先烈遗志，用最积极最勇敢的战斗行动为先烈复仇，直到日本法西斯彻底消灭，中华民族彻底解放”。全区人民化悲痛为力量，是对敌人这次残酷“扫荡”的有力回答。

《新华日报》在反“扫荡”中遭受惨重损失。总编辑何云壮烈牺牲，编辑缪乙平、黄中坚，管委会秘书长杨叙九和医生、会计、印刷厂工人等四十六位同志多数在战场牺牲，有的被俘后在监狱和刑场牺牲。这些烈士年纪最大的牟忠衡，五十岁，是一位工作出色的炊事员；年纪最小的魏天文，十三岁，他本来不到入伍年龄，《新华日报》住在武乡县他的家乡时，他要“打日本”，“学文化”，哭着闹着要参加报社工作。报社领导为他的挚意感动，破格吸收他在报社当公务员。同志们把他看成小弟弟，工作之余就教他识字学文。这个小同志工作、学习都很积极，不想小小年纪死在日本法西斯屠刀之下。随队携带的铅字、小型印刷机，连同驮骡全部损失。在物质条件极端困难的抗日根据地，这是很难补充的。

（原载人民网 2011 年 4 月 18 日）

相关链接

纪念·追悼·庆祝

——一个包括着三种意义的大会

◎ 李　庄

背靠着太行山百丈绝崖，大会在一片万绿深浓的丛林中举行。

纪念、追悼、庆祝，一个会包括着三种意义。复杂的情绪烧红了人们的脸。“扫荡”粉碎了，我们要庆祝。但是，这次“扫荡”的粉碎，共产党、八路军付出了多么高的代价呀！在“七七”纪念日追悼左权将军和许多死难的烈士，使我们再一次得到一种明确的认识：如果不是他们以及成千上万的其他先烈的流血牺牲，坚持抗战，恐怕今天中国人已经没有纪念“七七”的福分了。

会场上的战士们，许多人都在左权将军的指挥下，同这次“扫荡”太行山的敌人拼过命。那些一顶草帽一条枪的民兵们，有些在山顶上放哨的时候，也多少次亲眼看见左权将军率队出击的英姿。现在他们默默地并排坐在主席台前，注视着左权将军的画像，有些人的眼圈儿发红了。

左权将军的遗著，摆在会场东边的几张桌子上。人们用力挤进去，小心地拿起来。其中有铅印的《苏联国内战争的教训》，是他在苏联时翻译的。油印的《苏联新的步兵战斗条令》，是他在太行

山上翻译的。许多手写的报告、稿件，大部分是研究敌后游击战争战略、战术的，有的还未脱稿。戎马倥偬，他还能挤时间著书立说，这种精神是值得学习的。

几千人整整齐齐地排列在白布围圈着的会场上。溽暑蒸人，挥汗如雨，蓝天白云也罩上一层轻淡的灰雾，散在人们沉重的心头。当微风轻轻掀动那数不清的挽联的时候，人们稍微松一口气，但是，眉毛马上又会皱起来。空气始终是紧张严肃的。

万绿丛中一点红，国旗悠悠上升，人们鸦雀无声，举手齐额，气都似乎不敢出了。大家转过身来向烈士致敬，眼望着左权、何云、张衡宇、李文楷、李月波等烈士的遗像，保有升旗时同样庄严肃穆的心情。烈士们用行动铸成的革命丰碑，大家在心中默默地膜拜。

布尔什维克是特殊材料制成的，人们的心钢铁般硬。彭德怀副总司令讲话，每一个字都是斩钉截铁，带着非常乐观的调子："我们不痛哭，不祷告！"他有力地号召，"我们继承他们的遗志，踏着他们的血迹，和法西斯强盗搏斗到底！……"在台上，他大声疾呼，万千只拳头举起来，落下去。他那关于坚持斗争和坚决复仇的号召，深深印入全场同志的心中。

布尔什维克的心钢样地硬，革命的热情泉样地涌。彭副总司令挽左权将军的挽联写着：

并肩奋斗，携手抗日，鞍马十年方依畀。

谋国忠尽，事党血忱，壮烈一朝期平生。

罗瑞卿主任讲话时，谈到打倒日本法西斯，怒目握拳，恨不得马上消灭净尽而后快。在开会前半点钟，他拿起左权将军一

张倚着松树的半身小照，一言不发地注视着，至少有两三分钟之久。

团结、团结，在会场上讲话的，没有一位没有谈到团结。当罗主任说到“过去由于中国内部团结得还不很好，推迟了抗战胜利的时间，让我们流了更多的血……”的时候，可以看出来，大家都感慨、悲愤了。他说：“今后全国应该进一步地团结起来，早日完成抗战大业。”朝鲜革命先进金白渊先生讲话，几次谈到中国应该团结，团结是胜利的关键。日本觉醒联盟的新川君在会上说，中国人民应该亲密团结，携起手来。他在会上正式参加了八路军。日本弟兄也深深地感到左权将军的牺牲对于他们的正义事业也是莫大损失。日本觉联的成员在他们亲手制作的花圈上写道：“左权参谋长以下烈士的遗绩，在中国共产党的旗帜下，发着灿热的光辉。英灵安息吧，吾人誓死替你们报仇。”

我们不能被血吓倒，要为死者报仇。吴青同志代表《新华日报》（华北版）向全体同志和华北人民宣誓：“本报何云同志虽离开我们而去，但全体同志将益发淬砺奋发，秉承先烈遗志，为党报事业而奋斗到底。”

天黑了，人们站起来，口号声也随着响起来：

“加强团结，争取抗战早日胜利！”

“咬紧牙关，度过接近胜利的两年！”

会场后边的绝崖跟着叫起来，远山此呼彼应。

“这是怎样的一种力量啊！日本军阀的末路是不远了！”记者长时间反复想着。

（原载《新华日报》（华北版）1942年7月）

李东东“讲传统谈新闻”专栏⑭

万无一失与一失万无

新闻工作者肩负起政治责任和历史使命，书写优秀的新闻作品，要有坚定正确的政治立场，要有秉笔为民的道德情怀，还要有战战兢兢、如履薄冰的严谨态度。周恩来同志曾经说过，外交无小事。从某种意义上说，我看新闻也无小事。

大家可能都听过一块马蹄铁使一个国家灭亡的故事。古代打仗的时候，战马要钉蹄铁。在一场战争之前，有一匹战马的一个马蹄铁磨偏了，没有被发现，没有及时更换。战斗中，这匹蹄铁磨偏的战马绊倒了，摔伤了指挥战斗的将军。受伤的将军输了战役，这个战役对这个国家命运攸关，最终导致国家灭亡。这个故事说明，有时候一个技术性的细节，会最终导致很重大的后果。《解放日报》在新中国成立初期就曾经发生过这样的事情。

1949 年春，中国人民解放军“百万雄师过大江”，南京、上海解放，当时《解放日报》是中共中央华东局和上海市委机关报，范长江同志是一把手。他是华东新闻出版局局长、解放日报社社长。恽逸群同志是华东新闻出版局副局长、解放日报社副社长，张春

桥是排在其后的三把手。范长江同志于 1950 年调往北京，恽逸群成为华东新闻出版局局长、解放日报社社长。恽逸群是 1927 年第一次国内革命战争时期入党的老党员。1935 年，恽逸群铁笔一支，为上海《立报》写评论。在那几年中，他每天写的四五百字的评论，成为北至长城，南至两广、云南，西至甘肃、四川广大革命人民的主要参考材料，从那里揣摩时局动向和斗争的方针、方法。当年，苏联塔斯社奉命逐日一字不漏地将他的评论电告莫斯科。这样一个在党的早期新闻事业史上的风云人物、优秀领导干部，就是被一块“马蹄铁”绊倒的。

恽逸群同志

事情发生在 1951 年 9 月 3 日凌晨。

9 月 2 日，是个不平常的日子：1945 年 9 月 2 日，日本天皇和政府以及大本营三方代表，到东京湾美国“密苏里号”军舰上，举行了日本无条件投降书签字仪式。日本宣布正式投降。于是，9 月 3 日被定为“抗日战争胜利纪念日”。

1951 年 9 月 3 日，是抗日战争胜利六周年纪念日。这天出版的《解放日报》，在头版头条刊登新华社 9 月 2 日电讯，标题醒目：《抗日战争胜利日六周年毛主席电贺斯大林大元帅》。而当人们翻开当天上海其他报纸，发觉比《解放日报》多了一条电讯：《抗日战争胜利日六周年斯大林大元帅电贺毛主席》。

《解放日报》为什么不登斯大林大元帅电贺毛主席的消息？《解

放日报》是党报，是否意味着中共对于斯大林大元帅有看法？这在当时政治神经异常敏感的上海新闻界，引起很多猜测，议论纷纷。恽逸群当天没有上夜班，得知消息后，马上赶往报社，调查缘由。事情很快弄清楚了，是因为那天夜里值班的同志疏忽所致。

那时候的新闻工作，以今天的眼光看，条件相当艰苦，首先是通讯设备非常落后。新华社的电讯，要靠新华社华东分社接收、油印，然后派通讯员分送到各家报社。毛泽东致斯大林的贺电先发，所以到了9月2日夜间，电文稿已分送到上海各报社。可是，斯大林的复电，是9月2日上午九时二十二分从莫斯科发出的。这时，相当于北京时间十四时二十二分。经过俄译中，再经过译成电码，发到各地，又花费不少时间。当新华社华东分社把斯大林复电稿送到上海各报社，已是9月3日凌晨三时。编辑部的同志已下班回家，留下来守电报机的是总务科一位同志，相当于现在守着新华社传真。这位同志收了电讯，以为是一般公文，没有在意，也没有及时报告领导，大约想着天亮上班再转给白班吧。于是,9月3日的《解放日报》上，便漏登了斯大林的复电。

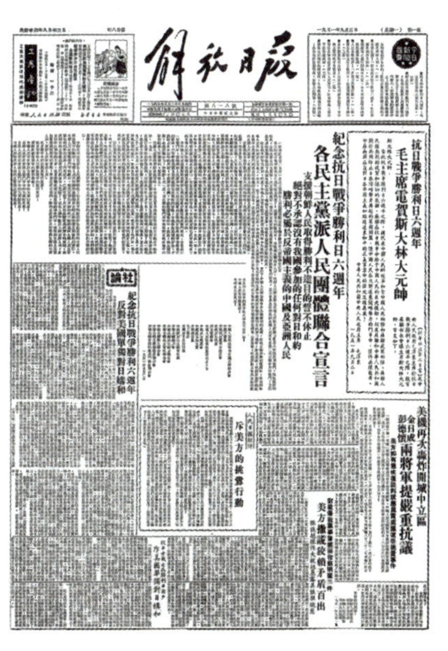

解放日報

抗日戰爭勝利日六週年
毛主席電賀斯大林大元帥

紀念抗日戰爭勝利日六週年
各民主黨派人民團體聯合宣言
支援朝鮮人民取得勝利不達目的誓不休止
絕對不承認沒有我國參加的任何對日和約
勝利必屬於反帝國主義的中國及亞洲人民

社論
紀念抗日戰爭勝利六週年
反對美國單獨對日媾和

斥美方的挑衅行動

美機再次轟炸開城中立區
金日成 彭德懷 兩將軍提嚴重抗議

美方撒謊狡賴矛盾百出

1951年9月3日《解放日报》头版

这次事故是由于一个人的一念之差，也可以看到新中国成立之初党报内部工作制度还不健全、不严格，但毕竟，这

解放日報

抗日戰爭勝利日六週年
斯大林大元帥電賀毛主席

抗日戰爭勝利日六週年
首都各界舉行慶祝大會

紀念抗日勝利日 反對對日片面媾和
華東暨上海各界舉行大會

美國飛機、軍艦
連日侵擾我國境

1951年9月4日《解放日报》头版

是很明显的一桩因一时疏忽造成的事故。为了挽回影响，恽逸群采取补救措施，在9月4日《解放日报》头版头条补发新华社9月2日电讯:《抗日战争胜利日六周年斯大林大元帅电贺毛主席》。

这个所谓的“九·三事件”，以今天的政治眼光和处理方式看，应该说可以画上休止符了。

可是，过于正直敢言的恽逸群，得罪过一些人。此时此刻，他们抓住“九·三事件”狠狠地乘机攻击恽逸群。其中的“积极分子”之一，便是张春桥。面对种种责难，襟怀坦荡的恽逸群承担了全部责任。

9月5日，《解放日报》在头版左下角，刊登了恽逸群的公开检查:

关于本报漏登《斯大林大元帅电毛主席祝贺抗日战争胜利日》电文的检讨

9月3日，新华社于晨十二时四十分截稿（注:应为零时四十分），三时又补发斯大林大元帅电毛主席祝贺抗日战争胜利日的稿件，这时，编辑部同志都已回宿舍，而总务科值夜班的同志又将稿件压下未通知编辑部同志，致将这一重要稿件遗漏了，造成严重政治错误。这是因为我们工作制度不健全及对工作人员教育不够所

解放日報

南京市軍事管制委員會
下令驅逐黎培里出國境

黎培里的主要罪行

南日將軍再提嚴重抗議

關於本報漏登「斯大林大元帥電毛主席祝賀抗日戰爭勝利日」電文的檢討

九月三日，新華社於晨十二時四十分發稿，三時又補發斯大林大元帥電毛主席祝賀抗日戰爭勝利日的稿件，這時，編輯部同志都已回宿舍，而譯電科值夜班的同志又將稿件壓下未通知編輯部同志，致將這一重要稿件遺漏了，造成嚴重的政治錯誤。這是因爲我們工作制度不健全及對工作人員教育不夠所造成的；今後爲保證不重覆同樣的錯誤，除在此預先向讀者致歉外，我們正遵照華東局的指示，繼續進行深刻的檢討，並聽候黨委的審查。

社長 惲逸群

1951 年 9 月 5 日《解放日报》头版

造成的；今后保证不重复同样的错误，除在此预先向读者致歉外，我们正遵照华东局的指示，继续进行深刻的检讨，并听候党委的审查。

社长 恽逸群

孰料，恽逸群的公开检讨还是没能结束“九·三事件”。事态进一步扩大。几天之后，竟导致了他被撤职，张春桥取而代之，成为《解放日报》社长兼总编辑。

从当年的情况看来，其中显然有着政治环境比较紧张、党内生活不够正常的因素，而恽逸群同邓拓一样的刚正不阿、嫉恶如仇，是否也使猜忌他的人既怕且恨、必欲置之此地，譬如张春桥在其中起了什么样的作用，这里也不作揣测，总之，不能回避的历史事实是，恽逸群从此蒙受了一连串的打击。几个月之后，他受到“三反”运动的猛烈冲击，被开除党籍，降为地图出版社副总编辑。1955 年，受潘汉年冤案牵连，被捕入狱，在狱中度过 11 年之久的时日。1966 年冬，他才终于出狱，被派往江苏阜宁县中学担任图书馆管理员，每月工资仅 37 元。还没来得及喘口气，“文革”风暴又把他卷入无休止的批斗之中。又是 11 年过去，直到 1978 年秋，恽逸群

1975 年恽逸群与夫人合影。

已 73 岁，才被调往南京，在国家第二档案馆工作。仅仅过了两个多月稍微正常的生活，便于 12 月 10 日油干灯灭，溘然长逝。

1927 年入党，经过革命战争年代艰苦卓绝的考验，刚刚进入和平时期，还没有来得及放手工作，更不要说享受生活，恽逸群一代英才之毁，只是因为漏登一条电讯！在这位中国共产党优秀党员、优秀新闻工作者、优秀学者离世几年之后，他的冤案才得到昭雪。

1973 年 7 月 8 日，身处逆境的恽逸群在致胡愈之的信中，写下这样的掷地有声的话语：

弟之遭遇，非楮墨所能宣。但既未抑郁萎顿而毕命，亦未神经错乱而发狂。平生以“不为物移，不为己忧”自律，经此二十年检验，圭未蹈虚愿。

但这毕竟是一个悲剧。老革命，知识分子，半世辉煌，半生蹉

跎。战争年代奋斗过来，幸存下来，没有死在敌人的屠刀下；和平时期却屡遭打击，被剥夺了工作权利，终究也是付出了生命的代价。就算没有发狂，是不是因煎熬而致耗尽心力啊！

置身新的历史时代，我们应该格外珍惜今天良好的、宽松的政治环境。今天，中国共产党团结带领全国各族人民，坚持以人为本，社会主义民主与法制建设不断完善。政治生活不正常年代的“打棍子”、“扣帽子”的恶劣气氛早已过去，今天的年轻人已不复想象。要求新闻工作战战兢兢，如履薄冰，万无一失，可能有些同志感到太过严格，可是一旦纰漏出大了，一失万无，又如何是好呢？

（原载人民网 2011 年 4 月 25 日）

李东东“讲传统谈新闻”专栏⑮

倚马可待的硬功夫

新闻记者，就其职业而言，是以新闻采访写作为天职。每一位记者都渴望能在自己的新闻职业生涯中，写出更多脍炙人口的精品，更多传之久远的力作，并将其作为毕生追求。而要写出精品力作以飨读者，看来必须具备政治敏锐和新闻敏感，必须练就一身倚马可待、及至“单兵作战”的真本领、硬功夫。这些，在老一辈优秀新闻工作者身上体现得很明显。我曾在老新闻工作者后代的聚会上，同范长江伯伯、邓拓伯伯的

新華日報
星期五
第四版
五分區墾荒的成績和經驗
關於戰爭報導的幾點意見
李莊

李庄同志抗日战争期间发表的《关于战争报导的几点意见》

儿女探讨过父辈的这种担当与捷才。惜乎因工作繁冗，我对几位前辈的学习了解远远不够，只能再假时日，深入研究；这里仅就对父亲的粗浅理解，来回顾一下他们的这种理想追求、奋斗精神和工作状态。

父亲在革命和建设的不同时期，发表了许多曾被广为传诵、具有广泛影响的作品。抗日战争时期，他撰写的《在保卫大武汉的紧急声中纪念鲁迅先生》《敌后三月》《歼敌老虎嘴》等通讯和文章，真实地反映了当时太行根据地军民抗击日寇的战斗生活。解放战争期间，他采写的《为七百万人民请命》《真理的胜利》等报道，愤怒谴责国民党给黄泛区人民造成的灾难，热情歌颂晋冀鲁豫军民在解放战争时期的战斗生活。开国大典之际，他撰写的《"中国人从此站立起来了"》等记述中国人民政治协商会议第一届会议的8篇系列通讯特写，深情颂扬了新中国的诞生，为党和人民的事业留下了历史记录。新中国成立不久，朝鲜战争爆发，父亲受组织委派，赴朝鲜进行战地报道，先后发表了《被人们欢呼"万岁"的部队》《复仇的火焰》等新闻通讯，讴歌了中朝两国军民共同保家卫国、抗击侵略者的光辉事迹和崇高精神。

近日重读父亲的一些著作和随笔、日记，感到受益匪浅，不仅比较深入地了解了他采写新闻背后的故事，而且再一次领略了老一辈新闻工作者身上所体现出来的那种坚定的政治担当和过硬的业务本领。

比如，发表在晋冀鲁豫《人民日报》创刊号上的通讯《为七百万人民请命》，就是当年父亲在十几天时间里"熬"出来的。父亲的回忆文章中，真实地记录了当时的写作过程和真切体会。父

亲说，当时晋冀鲁豫人民顾全大局，关怀“黄泛区”人民利益，自己甘愿承担重大牺牲，同意“黄河归故”，只提出一个“先复堤后堵口”的完全合理的条件。蒋介石在全面内战准备尚未最后完成以前，不好、不能完全拒绝，于是出现了两个多月的谈判。谈判将要摊牌之际，正是晋冀鲁豫《人民日报》创刊之时。把这场斗争报道好，是党报的首要任务。当时父亲是年龄较大的一名记者（其实不到28岁），又领导记者工作，要想点子、派任务，还得写一篇“重头”文章，“真想不起那十几天是怎么过的，困了倒头便睡，醒了提笔就写”，最后终于写成了这篇题为《为七百万人民请命》的文章，刊发在1946年5月15日晋冀鲁豫《人民日报》创刊号上。文章刊发后，得到了中央局领导邓小平同志的肯定和鼓励。父亲后来说，写这篇文章，由于下过一番功夫，有两点切身感受：一是写文章要有点“气”，喜悦也好，愤懑也好，郁于中自然形于外，硬挤一般不会好。二是文章不怕改，必须多改，“一挥而就”也有可能，但多

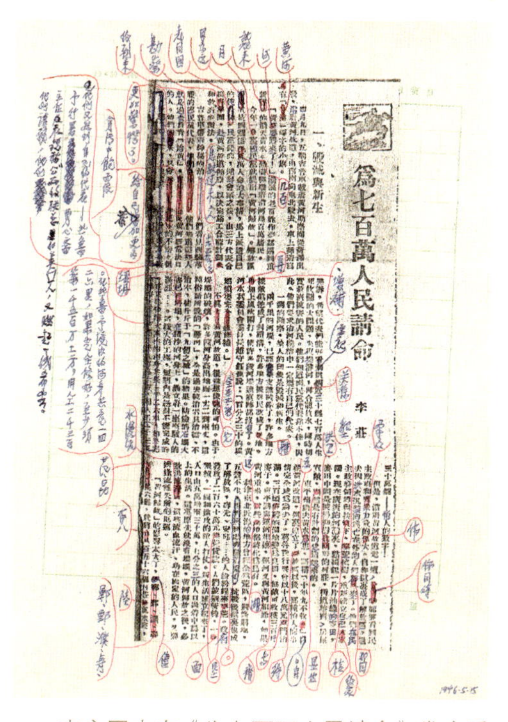

為七百萬人民請命

李 莊

一、毀滅與新生

李庄同志在《为七百万人民请命》发表后的党报版面上，还在认真修改。

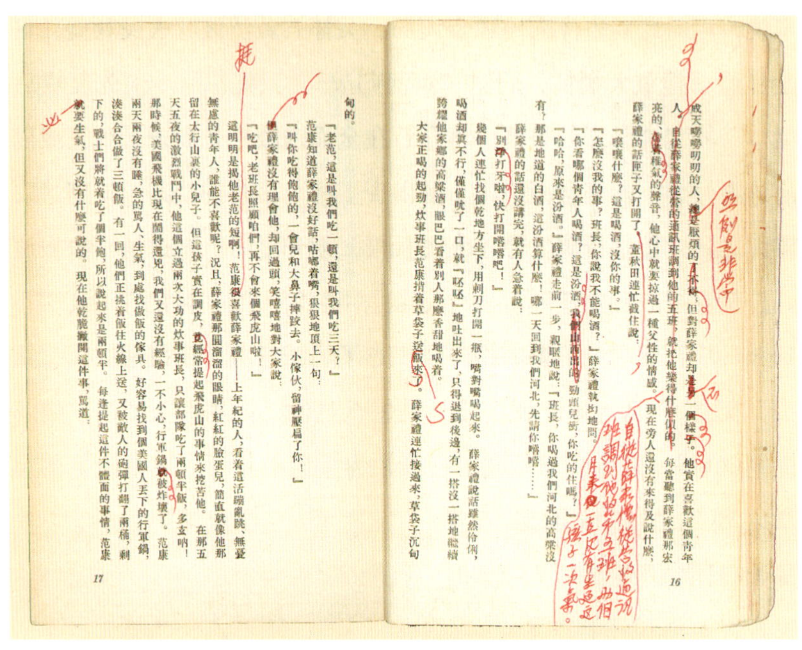

成天嘮嘮叨叨的人，還是厭煩的了不得，但對薛家禮却是另一個樣子。他實在喜歡這個青年人。自從薛家禮從前的通訊班調到他的五班，就把他樂得什麼似的。每當聽到薛家禮那宏亮的、帶着稚氣的聲音，他心中就要掠過一種父性的情感。現在旁人還沒有來得及說什麼，薛家禮的話匣子又打開了。董秋田連忙截住說：

「嚷嚷什麼？這是喝酒，沒你的事。」

「怎麼沒我的事？班長，你說我不能喝酒？」薛家禮執拗地問。

「你看哪個青年人喝酒？這是汾酒，我們山西出的，勁頭兒衝，你吃的住嗎？」

「哈哈，原來是汾酒。」薛家禮走前一步，親暱地說：「班長，你喝過我們河北的高粱沒有？那是地道的白酒，這汾酒算什麼！哪一天回到我們河北，先請你嚐嚐……」

薛家禮的話還沒講完，就有人急着說：

「別再打牙啦，快打開嚐嚐吧！」

幾個人連忙找個乾地方坐下，用刺刀打開一瓶，嘴對嘴喝起來。薛家禮說話雖然伶俐，喝酒却真不行，僅僅吮了一口，就「呸呸」地吐出來了，只得退到後邊，有一搭沒一搭地誇讚他家鄉的高粱酒，眼巴巴看着別人那麼香甜地喝着。

大家正喝的起勁，炊事班長范康揹着草袋子送飯來了。薛家禮連忙接過來，草袋子沉甸

16

甸的。

「老范，這是叫我們吃一頓，還是叫我們吃三天？」

范康知道薛家禮沒好話，咕嘟着嘴，狠狠地頂上一句：

「叫你吃得飽飽的，一會兒和大鼻子摔跤去。小傢伙，留神壓扁了你！」

薛家禮沒有理會他，却回過頭，笑嘻嘻地對大家說：

「吃吧，老班長照顧咱們，再不會來個飛虎山啦！」

這明明是揭他老范的短啊！范康很喜歡薛家禮——上年紀的人，看着這活蹦亂跳、無憂無慮的青年人，誰能不喜歡呢？況且，薛家禮那圓溜溜的眼睛，紅紅的臉蛋兒，簡直就像他那留在太行山裏的小兒子。但這孩子實在調皮，經常提起飛虎山的事情來挖苦他。在那五天五夜的激烈戰鬥中，他這個立過兩次大功的炊事班長，只讓部隊吃了兩頓半飯，多玄吶！那時候，美國飛機比現在鬧得還兇，我們又還沒有經驗，一不小心，行軍鍋就被炸壞了。范康兩天兩夜沒有睡，急的罵人、生氣，到處找做飯的傢具。好容易找到個美國人丟下的行軍鍋，湊湊合合做了三頓飯。有一回，他們正挑着飯往火線上送，又被敵人的砲彈打翻了兩桶，剩下的，戰士們將就着吃了個半飽，所以說起來是兩頓半。每逢提起這件不體面的事情，范康就要生氣，但又沒有什麼可說的。現在他乾脆撇開這件事，罵道：

17

李庄同志在新闻通讯编辑结集出版后仍在修改。

看细改却更有益。

又如，《“中国人从此站立起来了”》《“庆贺中华人民共和国的诞生”》等记述新中国开国的系列通讯报道。作为《人民日报》的首席记者在怀仁堂会场现场采访，父亲深感组织信任的光荣和责任，同时也担着不小的压力。第一天下来，父亲从会场赶回报社，马不停蹄写稿子，报社编辑部留着一版版面等到半夜。第二天，通讯见报后反响不错，主持工作的副社长张磐石（当时人民日报社社长为胡乔木，总编辑为邓拓）问父亲，能不能坚持每天写出一篇特写？父亲挺坚决：一定全力以赴，保证每天写出一篇，一天都不落。磐石伯伯如此看重通讯特写，给父亲压担子，因为当时的党报特别是中央机关报，刊发的三大类新闻作品中，重大消息多

为新华社发，党报自身，则十分侧重评论和通讯。现在从“中华民国三十八年九月二十二日”至“一九四九年十月一日”这几天《人民日报》的报面上看，第一天的通讯特写的副标题同后面的不同，也就是说从第二篇开始，编辑部对这套稿子的编排逐步从容、规范起来。加上每天及时编排处理会内会外二十多位记者的稿子，这种状态，真可以说是党报白班夜班全都处于“倚马可待”的战斗状态了。

一天写一篇特写，今天看来可能不算什么，在当时的条件下，在重大事件的报道上，却是一件大事。父亲说，当记者，“依样画葫芦”不难，能够翔实、准确、清通，基本就及格了。难在记者本人能在新闻中加点什么。“当然不是加事实，我们必须遵守绝对真实的原则，在这里不能有任何随意性。但是可以‘加’观点——在客观、全面、准确介绍事实的基础上，提出个人的分析和判断。记者水平高低，似乎主要表现在这个地方”。因此，当时父亲力求每篇特写都在当天会议进程、成果（事实）的基础上，突出它的特点，提炼一个观点作为立论基础，一篇一主题，事、情并重，8篇特写就这样留诸中国新闻事业的历史。

再如，《被人们欢呼“万岁”的部队》是父亲第二次赴朝鲜战场所写的许多新闻通讯的一个缩影。1950年12月，父亲再度入朝，这次是率人民日报记者赴朝采访，他随志愿军38军采访时间最长。38军是一个老部队，原为第四野战军第一纵队，是“四野”的“拳头”，在东北解放战争中战功赫赫。而38军112师是“老一师”，是“四野”一纵队第一师，是“拳头”中的“拳头”。《被人们欢呼“万岁”的部队》这篇文章，讲的就是38军的故事，当时因为军事机

密，文章中不能直接说出38军，也无法做出《三十八军“万岁军”》这样醒目上口的标题，但读者后来都知道这是表扬38军。因为志愿军总部通令嘉奖38军战功时，彭德怀司令员亲笔加上了一句话：“38军万岁！”以38军对朝鲜人民和祖国人民的伟大贡献、英雄气概与牺牲精神来说，这个称誉当之无愧。为了写好这篇文章，父亲同38军112师的一个营共同生活了一个星期。后来父亲说，之所以要在战地时间特别珍贵的情况下挤出一星期时间，是因为真正感受到了古人所说的“不能自已”的深切涵义。这个营当年过鸭绿江时有七百多人，由于总打胜仗，伤亡也很大，后来几间草房就住下了，但休整中指战员士气甚高。正是被这种精神所感染，父亲一气呵成，写就了这篇广为传诵的文章——《被人们欢呼“万岁”的部队》。

1954年，日内瓦会议，中国新闻代表团副团长、人民日报首席记者李庄同志在莱蒙湖留影。

人民日报原副总编辑陆超祺同志怀念父亲的文章中，这样描述同父亲在朝鲜并肩进行战地报道的感受——

跟李庄在战地当记者，可以得到全面的锻炼。不怕苦不怕死，冒着美军的飞机大炮，深入战壕采访，是一种锻炼；还有一种锻炼，是在战火中写稿，出

1954 年，日内瓦会议期间，中国新闻代表团副团长李庄与同事摄于瑞士日内瓦。

手快。那时从前线到国内没有固定的邮路，没有民用电报，记者的稿子全靠临时回后方的汽车带到丹东（当时叫安东）投邮。李庄有这样的本事：白天和干部战士打牌聊天——一种采访方式，听说晚上或次日有人回后方，马上找个清静地方躲起来写稿，赶在回国汽车开动之前交稿。这是真正的“倚马可得”的硬功夫。1951 年二三月在《人民日报》上发表的《在汉城》《“皇家重坦克营”的覆灭》等通讯，都是用半个白天或一个晚上赶写出的。李庄没有做过国际问题的专职记者或编辑，也没有专门研究过什么国际问题，但 1954 年中苏美英法政府首脑在日内瓦开会，讨论朝鲜和印支问题时，报社指派李庄为首席记者，就是因为他有“倚马可得”的硬功夫。

与那一代新闻工作者一样，父亲一生忠诚于党和人民，一手执蓝笔，做记者；一手执红笔，当编辑，终生乐此不疲，忘我工作。

他对做好党的新闻工作，有着许多丰富的体验和精辟的见解。“八小时出不了合格的新闻记者”，“把被窝里的几个小时移到写字台上”，“新闻工作要深入实际、深入群众”，“记者永远是学生”，“学习和工作一样重要，不学习就无法起步工作，不学习就难以继续工作”，“独立思考是新闻记者的宝贵品质”，“哲学是新闻记者的必修课”，“理论贫弱，百病丛生”，“一定要懂点辩证法”……父亲这些通过艰辛实践凝炼而成的至理名言，在新时代的今天，对坚定理想做好新闻工作，打好业务根底做合格记者，应当说仍然具有积极的启迪和借鉴意义。

而每当回想起2006年父亲长行时，人民日报原副总编辑李仁臣同志的追怀寄语，总使我不禁潸然：

老李，真舍不得你走！每年的七月一日，我们会特别记起你，因为这天是你的生日，也是党的生日，你是党的人！每年的三月三日，我们会特别想念你，因为这天你离我们而去。其实，你没有离开我们，你见证了《人民日报》的诞生和发展，你活在《人民日报》的历史中。你带领我们办这张报纸，青灯稿纸相伴一生，兢兢业业，率先垂范，你是师长也是朋友，你的音容笑貌，永远活在我们的心里！

（原载人民网2011年5月2日）

李东东“讲传统谈新闻”专栏⑯

从和平走向战争

1950年6月，中国人民在中国共产党领导下，经过22年武装斗争刚刚争得来之不易的和平生活，朝鲜内战爆发。美国为了维护其在亚洲的霸权地位，推行侵略政策，在其后不久出兵朝鲜。1950年10月，应朝鲜民主主义人民共和国政府的请求，为保护我国东北地区的安全，中国人民志愿军跨过鸭绿江，“抗美援朝，保家卫国”。

父亲李庄在接到赴朝鲜采访的任务后，当即表示“到战地采访，求之不得”，“愿意不顾一切，全力以赴”。那是1950年夏，当时中央还没有作出抗美援朝的决定。

只有经历过战争的人，才能痛切了解战争是多么无情，战斗是多么残酷；也只有经历过战争的人，才更能深切体会和平的不易与宝贵。然而，虽已亲身经历过抗日战争、解放战争，深知战地艰险，父亲还是义无反顾地告别妻子儿女，告别北京的和平生活，奔赴朝鲜战地采访报道，从和平走向战争。

1950年7月至9月中旬，在中央的部署和人民日报社安排下，

父亲作为中共中央机关报派出记者，与法国《人道报》的马尼安（法国共产党中央委员）、英国《工人日报》的魏宁顿（英国共产党员）组成国际记者团，奔赴朝鲜战场采访，成为赴朝鲜战地采访的第一位中国新闻工作者。这次，他在朝鲜南北方采访了五十多天，写下《美丽的河山，勇敢的人民》《走在民主朝鲜的土地上》《三八线上》《罪证》《全朝鲜都和美国侵略者作战》等十多篇访朝通讯。

时隔数月，1950 年 12 月至 1951 年 3 月，父亲担任领队，率人民日报记者赴朝鲜进行战地报道。上次在朝鲜战地采访时险些牺牲的经历、对妻儿的不舍和对未出世孩子的期盼，都没有阻挡父亲赴朝的脚步，党的新闻工作者的责任，敦促着他再赴战地。父亲的日记中，依依别情，跃然纸上。

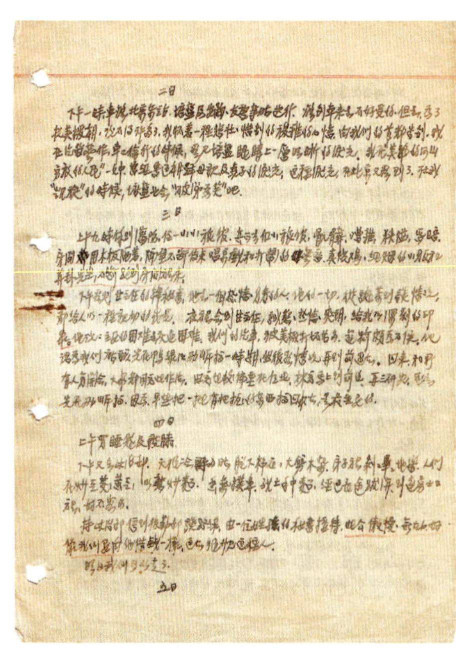

车已徐行，告别北京。

下午一时，车离北京东站，培蓝（指我的母亲赵培蓝）及安岗、友唐等同志送行。离别本来是不好受的，但是，为了抗美援朝，说不得许多了。我怀着一种悲壮、惜别的复杂的心情，向我们的首都告别。我在汽笛声作、车已徐行的时候，看见培蓝眼睛上一层明晰的泪光。我在《美丽的河山，勇敢的人民》一文中，曾经写

过朝鲜母亲及妻子的泪光，这种泪光，在北京又看到了。在我“凯旋”的时候，培蓝也会“破涕为笑”吧。（1950 年 12 月 2 日）

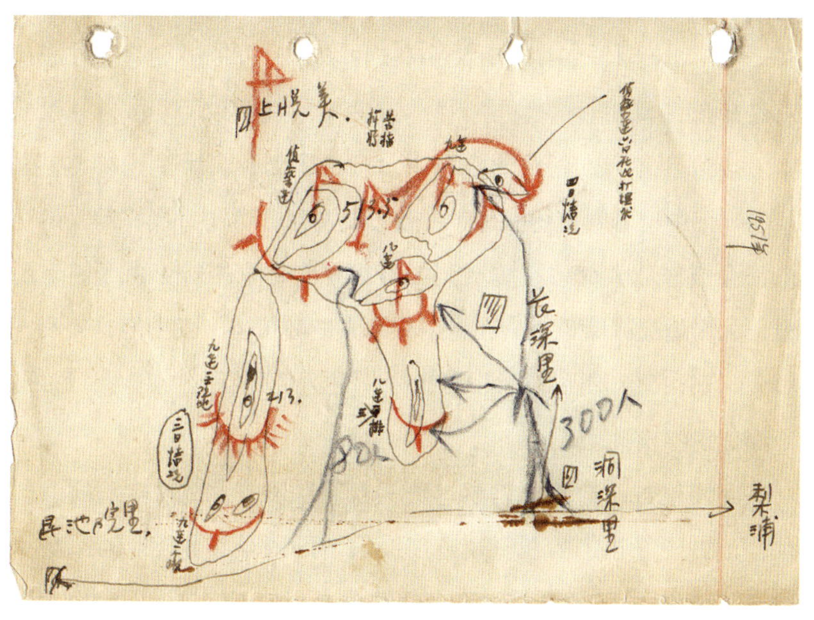

李庄朝鲜战地日记第一页，看来是记者和志愿军指挥员共同绘制的一幅作战地图。

这次，父亲在朝鲜战地度过了艰苦卓绝的 99 天，共记下 72 篇日记，写就《被人们欢呼“万岁”的部队》（因为部队番号要严格保密，故“三十八军万岁军”未能在当时叫响）、《“皇家重坦克营”的覆灭》等脍炙人口的通讯。这次入朝，因中、美都已出兵朝鲜，又因正在最寒冷的冬季，故而战争环境和自然环境都更加残酷。

在临江等待前往朝鲜的安排时，父亲一行抓紧时间在鸭绿江北岸做先期采访。他们到伤兵医院采访从朝鲜前线回来的战士；在政治部与工作人员长谈，了解一线情况。12 月 30 日，父亲坐在闷罐

子车中，跨过鸭绿江进入朝鲜境内。由于铁路被毁，父亲一行在离定州 25 公里处下车，携带行李踏着深雪步行寻找住所，“空气阴冷，但浑身淌汗，几乎把最后一点气力都用尽了。许多人开始丢东西……”在朝鲜采访期间，父亲在炮弹威胁中步行几公里前往采访点是常有的事。

1950 年冬天的朝鲜非常寒冷，东北部气温达到零下 30℃，父亲的日记中记着，夜行时那种冷仿如浑身浸在冰中，围在脸上的毛巾都会被冻冰。夜宿在防空洞或寄宿在农户家中时，由于缺乏燃料，大多睡在冷屋子中。在挤了很多人的屋子里，找个地方便和衣躺下，很快寒气便从背脊中冒出来，迅速传到腿上，麻木，酸困，心都似乎停止跳动了。

前线很苦，却并非是熬过苦头就算胜利了，战士要行军、打仗，记者要采访、写稿。朝鲜前线采访的困难和危险是难以想象的。父亲说，“我亲眼看到许多朝鲜战友和中国同志同时牺牲在中国的抗日战场上，我去朝鲜采访，早作了充分的思想准备。”

整天等车，不及成行。慌慌乱乱，又干不了什么。自己时间抓得不紧，在战地就很容易荒废。想起来是很可怕的，长此以往如何了得呢。

父亲的日记写下了他的担忧。由于敌机封锁了日间交通，父亲一行只能夜间赶路。为了能最快到达采访点，父亲放弃“安全第一”，强调“赶路为上”。光脚涉过寒冷入骨的江水，穿着湿棉裤在寒夜赶路；雪夜挤在车上，身上的厚雪被体温融化又结成冰；由于江桥被炸，只好冒着摔下冰面的危险，从临时铺设的湿滑的粗木头上慢慢爬过；在敌机轰炸和翻车的双重威胁下，坐在不开车灯的车

中，风驰电掣地赶路……每到一处采访，都要付出大量的时间和精力。有一次，父亲一行乘车经过一座被安放了定时炸弹的桥梁，刚刚过桥炸弹就爆炸了，爆炸掀起的尘土落在车上，再晚几秒，一车人就成烈士了。当时，车上的同志开玩笑说："真要感谢马克思在天之灵。"父亲总说，他遇到的这些危险困难与战士们相比，实在是小巫见大巫，但这些经历让他对"战士愿打仗不愿行军"倒是有了新的体会。

"雪花开始飞舞，清冷的雪片落在手上、脸上、稿纸上，手常常被冻木了，需要吁一吁气。"尽管战地条件艰苦，父亲总能从中

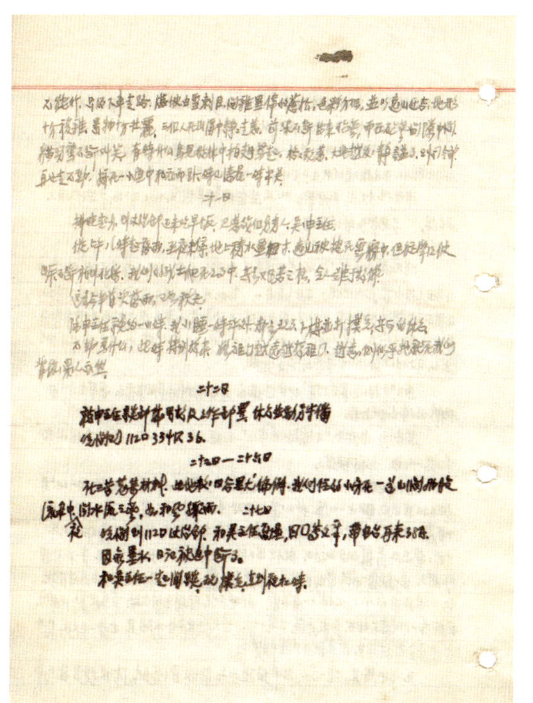

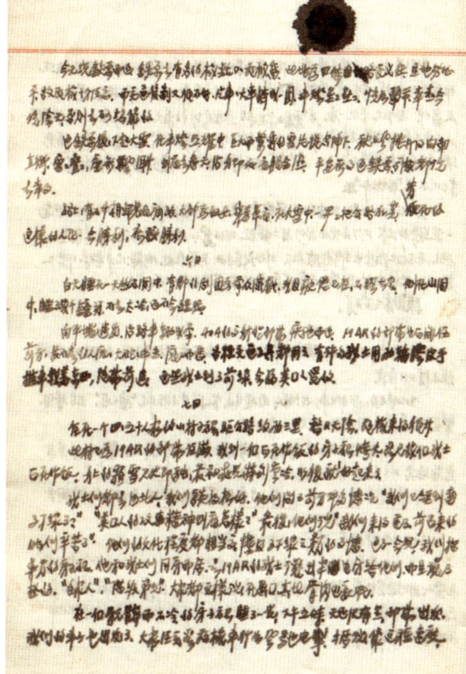

战地采访期间，有时墨水用尽，日记被迫中断。

寻找不一样的乐趣。他说，写稿时也有一乐，坐在山坡上观察美国战斗机往来搜索目标，飞机有时飞得很低，甚至可以看得清驾驶员。父亲坐在岩凹处，敌人或者看不到，即使发现了也只能看看。“老子安心赶稿，其奈我何！”

在战地，什么都是缺乏的。因为没有墨水（只有赶到志愿军总部或相对高级别的指挥部才能找到蓝墨水），写东西的时候就考虑尽量去掉不必要的字。父亲苦中作乐地感慨：“简练由于墨水，实在有意思。”

战地通讯万分困难，军用电台不传新闻稿件，山野间更谈不上商业性邮电，唯一的办法就是托人把战地报道从汉江南带到鸭绿江北我国的边境城市丹东（当时叫安东），再从丹东寄往北京。父亲只要听说有人要回国办事，下午就到附近山坡上寻一隐蔽处赶写通讯。那时没有圆珠笔，都用钢笔。天寒地冻，只能用口中的热气呵化笔中冰冻的墨水，随呵随写，进度很慢，心急如焚。

父亲深知自己肩负的责任。为了报道好前方战况，报道好这群“最可爱的人”，他不能懈怠，却又下笔慎重，苦苦寻求采访、写作的突破口。父亲在日记中提醒自己，“生活；思想；材料；技巧。多想想就有了。”“‘为了抗美援朝，保家卫国’。这个口号是响亮的，但如不能和每个人的具体情况联系起来，从其具体的要求、思想出发，就显得十分平庸、一般化了。”

他在日记中反思自己采访中存在的问题。

战士们究竟想些什么？体会太不深刻，每次采访，深以此为苦。一个人的思想，随时随地不能停止活动。战士们大量地想些什么，具体地想些什么？都搞不清楚。我试问几个战士，想家

不想家，所答均不想家。这是完全可能的。但是，为什么不想家，什么东西使其不想家，是否有些时候也想家，这就弄不清楚了。不说出这些具体条件，而轻轻地写一结论，使人不能理解，至少是不能动人。

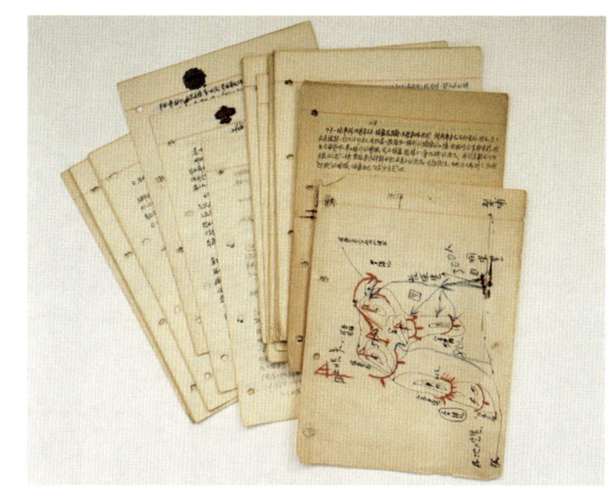

李庄朝鲜战地日记手稿

我又想，是否因为我们采访的方法过于简单，用上级的口吻，把战士吓住了呢？使他不敢尽兴地说话呢？或者给他画了圈子呢？或者耐心不够，问得不深入呢？有一点可以肯定，我们因为不熟悉战士生活，所发问题搔不着痒处，因此不能诱导战士尽情说出具体的思想，像与朋友谈心，和老婆话家常一样。

此问题如何解决呢？

和林、陆研究，主要还是生活不熟悉的缘故。不了解战士，所以不知道他们想些什么，如何生活。不了解战士，就无法提出适当的问题。

另外，我们和战士谈话，他们会以为我们是上级，因此拘束，不能畅所欲言。我们问得太笨，提结论式的问题，如你想家吧！他只能结论式地回答“不想家”。

生活，第一是熟悉生活，否则得不到好材料，甚至看见了也等

1951 年出版的《朝鲜目击记》

1954 年出版的《战斗十日》

于看不见。第二，改善我们的采访方法，多和战士漫谈、话家常。提问题要注意，提这种问题：我们点出一句，他就要说一大篇，才能解释清楚。这就要搔着痒处。（1951 年 1 月 25 日）

父亲对稿件的要求一直是严苛的，一篇稿件往往改好几遍，即使是已见报的稿件，如发现有可改进的地方，他还会用笔在报纸上修改。在朝鲜战地，父亲对新闻稿件的要求并没有因为条件的艰苦而降低标准，反而更加执着地探求新闻写作的更高境界。他还要求自己“每次战后要写出其特点……能再孕以战士的思想感情，始为力作”。

通讯《被人们欢呼“万岁”的部队》《光辉的阻击战——汉江南岸战斗纪实》《“我们打出去”——汉江南岸战斗纪实》，都是父亲坐在积雪的山沟中写就的。在没有防空洞可钻的情况下，父亲在

1984 年 9 月，李庄率《人民日报》代表团访问朝鲜，受到金日成主席接见。

一处石岩下，踩着盈尺积雪，用膝盖顶着稿纸写稿，每写几下就要呵一呵冻住的钢笔，他在日记中说那时“手冻木了，不是写，而是画”。这几篇稿件，父亲几易其稿，精益求精，不断思考改进的空间。在 1951 年 2 月 7 日的战地日记中，父亲写道：“入朝以来，在实际考验中，战士的政治认识提高了一大步，由想国而爱国，由出国而体会到自己行动的国际意义。我是用了个笨办法，把这些东西集中起来写成一段，而未糅合到对于战士的具体描写中。如何在战士的战斗生活与思想中把这两个问题十分自然地体现出来，将需继续努力。”

父亲的一贯思想是，“战地记者的岗位在前方，在战地”。正因为此，父亲总是力求到离战地、离战士们最近的地方去。为了写《被人们欢呼“万岁”的部队》，父亲在时间特别宝贵的情况下，挤

出一星期时间与当时的38军112师的战士共同生活，一起吃一起睡。即便这样，他还认为“不能亲自在火线上，趴在战士身边，体验体验生活，亦为大憾事”。

因为贴近实际，父亲朝鲜战地通讯的绝大多数稿件，人物形象丰满，故事情节生动，有着细致入微的心理刻画和细节描写。后人评价说“作品的新闻性、思想性、艺术性俱佳。生动、细腻的新闻叙述方法改变了以往战地报道存在的单调、僵化、枯燥乏味的状态”。

父亲本没有写日记的习惯，但朝鲜战地采访期间，由于是他首次出国，又是采访重大战争，“遂就每天所见所闻写详细日记，详细到稍加整理即可成文。”父亲总结说，青年编辑记者应做持续积累编辑资料的有心人。记者要求头脑细敏、两手勤快，一件重大新闻发生，一事的来龙去脉，当时的国内外形势，领导对此事的宣传意图等，理应随手记下来，作为日后写回忆文章的材料。父亲还一直强调，“做新闻工作，功在八小时之外”，编辑记者平时一定要广泛涉猎，注重自身的知识积累。

（原载人民网2011年5月9日）

相关链接

悼念可敬的李庄同志

◎ 谭文瑞

李庄同志去世不觉已逾半载。近几个月来人们始终在追忆这位新闻战线的老战士，不少人发表了许多真切感人的悼念文章，从各个角度对他的高风亮节与杰出业绩作出了公允的评价和赞誉。李庄同志严于律己、宽以待人、淡泊名利、廉洁奉公、勤奋敬业、忠于职守等高尚品德，是人所共见，有口皆碑的。我对此更是有切身体会。

我和老李共事已有半个多世纪，我们两人的大半生都是在人民日报度过的。虽然在同一个单位，他长期主持国内的编采言论业务，而我则主要搞国际宣传，工作联系不是太多，但是过从还是比较密切。即使称不上知己，也可以说是互敬互信的诤友。

我们之间的交情是在几十年前相识不久就建立起来的。有那样一段令我终生难忘的经历。1950 年年底，我中国人民志愿军赴朝参加抗美援朝战争之后，人民日报编委会决定派出七人的记者组去朝鲜战场采访报道。为首的是当时身任编委的李庄同志，刚到人民日报社工作不久的我是其中一员。我们先到鸭绿江北岸的辑安市，

稍做准备便分头渡过江去探路。我和林韦同志乘坐小吉普到东线元山一带走了一趟，做了一些采访，然后返回国内，在沈阳会合再奔赴前线。

那是一个月黑风高的夜晚，我们一行七人搭乘运送军火物资的火车出发。当时正值隆冬，我国东北和朝鲜北部气温都在零下20℃以下。我们几个人蜷缩在四面通风的货车车厢里冷得够呛，我又正发着近40度的高烧，更是格外难受。没想到火车刚进入朝鲜境内就遭到美国飞机轰炸，轨道被炸毁，火车无法继续往前开，车上所有人被迫下车步行。

我没有当过战地记者，遇到这种非常情况，心中真是有点犯怵。当时担任记者组领队的李庄同志虽然只比我年长几岁，但在我心中却是个老大哥。他曾经受过抗日战争和解放战争的战火洗礼，富有战地采访的经验。况且他这是第二次赴朝鲜战场（几个月前他曾随朝鲜人民军南进一直到了半岛南端的大丘地区），驾轻就熟，我自然完全听从他的吩咐。一下火车，他就叮嘱我卸轻行装，不能背着重负行军，除了保留一个睡袋，几斤干粮（炒米粉）和一小瓶备作御寒用的白酒之外，其他东西一律舍弃。他说你要是舍不得割爱，到后来在路上还是得扔掉，这是经验之谈。我完全照他所说的做了。虽然是轻装上路，我因为有病在身，极度虚弱，浑身无力，举步维艰，只以趑趄而行，没法跟上大队行进的步伐。老李既要照顾我这个“落伍”的病号，又不能掉队迷失路途，只好与大队保持一段距离，同时与我隔开不太远，以防失去联络。幸好是沿着一条大路前行，经过一个又一个被美机轰炸成一片废墟、空无一人的乡镇，临近拂晓我们才聚到一起，钻进一间破房子歇息。大家都冷得

直发抖，我就拿出听老李的话没有扔掉的那小瓶白酒，几个人一人一口把它喝个精光，借以取暖。因为美国飞机整天在上空盘旋，看到地面有人露头就俯冲投弹轰炸或扫射，所以白天不能在大路上行走。我们睡了一天，到天黑才又继续上路，千辛万苦终于到达设在平安北道大榆洞一个大废金矿里的志愿军总部。在那里，我们几个人就像回到了家，饱餐了一顿热饭，听取了有关负责同志的情况介绍后，第二天便分赴各个部队驻地，开始采访工作，各自为战，再没有碰过面。我们在朝鲜战场奔忙了几个月，分别向报社发回不少实地采写的通讯，可以说是完成了任务。不过我并没有写出什么真正像样的东西，而老李所撰写的《复仇的火焰》等佳作，却曾被人们传诵一时。虽然我与老李在一起共患难的时间很短暂，但总可以算得上是患难之交。从那以后，我对老李有了一种亲切感。

李东东“讲传统谈新闻”专栏⑰

高举党报评论的旗帜

我们常讲，新闻报道和新闻评论是报纸上两种主要的文字体裁，新闻报道是主体、是基础，而新闻评论则是旗帜、是灵魂，是宣传党的路线方针政策、指导工作、引导舆论的重要手段，是党报直接影响社会舆论的最权威的一种新闻文体。新闻评论包括社论、评论员文章等重要评论形式，也包括编者按语、短评、专栏评论、述评以及杂文随笔，后者也就是人们通常所说的广义的言论。

无论在革命战争年代还是在现代化建设中，以《人民日报》为首的各级党报，在不同历史时期、不同的时间段，其社论、评论员文章等重要言论都发挥了十分关键的作用。特别是《人民日报》，作为中共中央机关报，其重要评论的地位和作用更加突出。也正因为此，在办报实践中，人民日报社历任领导都十分重视评论工作，注重发挥重要评论的舆论引导作用，可以说，做到了始终高举党报评论的旗帜。

《人民日报》六十多年，社长、总编辑已有二十多位，这里仅

就邓拓同志担任总编辑时组织和亲自撰写重要社论或评论的一些事例，来感受老一辈新闻工作者身上所体现出来的那种政治担当和业务素养，希望能对今天的工作有所启迪、有所借鉴。

1949年8月1日，《人民日报》正式成为中共中央机关报，当时，中央调邓拓同志从北平市委到报社担任副社长兼总编辑，社长是我国著名报人范长江同志。那时，范长江主管对外联系，邓拓总揽编辑工作。

时逢新中国成立之初，中国正处在历史的大转折中。新中国成立了，但战争并没有结束，我百万大军正向中南、西南、西北进军；清匪反霸、土地改革的群众运动，席卷全国；大多数新解放的城市，百废待举。加上美帝国主义公然入侵朝鲜民主主义人民共和国，严重威胁着新中国的安全，中国人民保家卫国，进行了伟大的抗美援朝战争。面对如此波澜壮阔而又错综复杂的局面，党中央机关报《人民日报》任务十分艰巨。当时《人民日报》才发行8万多份，通讯员不过200人，平均每天收到的读者来信只有42封。那时，人民日报的工作人员，包括工厂工人在内，总共只有366人，编辑部连同图书资料人员在内共112人。人少工作多，困难确实很大，但在邓拓以身作则的带动下，大家意气风发，都有一股拼命精神。经过一个时期的努力，报纸面貌发生了很大变化，在人民群众中享有很高的威信。报纸的发行量虽然由于纸张困难被严格限制，每年还是迅猛增长。据统计，1949年底，总发行量为9万份，1952年就增加到48万份，1953年又增加到55万份。

新中国成立之初，各条战线工作都异常紧张。为了建设新社

20 世纪 50 年代初，中共中央机关报和苏共中央机关报同志在机场合影。

会，必须清理旧基地。短短 3 年之内，肃清了国民党反动派在大陆上的残余武装力量和土匪，没收了官僚资本企业并将其改造成为公有制的国营企业，统一了全国财政经济工作，稳定了物价，完成了新解放区土地制度的改革，镇压了反革命，开展了反贪污、反浪费、反官僚主义的“三反”运动，和反行贿、反偷税漏税、反盗骗国家财产、反偷工减料、反盗窃国家经济情报的“五反”运动。对旧中国的教育科学文化事业，进行了很有成效的改造。在完成繁重的社会改革任务的同时，进行了伟大的抗美援朝、保家卫国的战争。

所有这些工作，都需要报纸做好舆论引导、宣传解释，也就是说，中国共产党指导革命和建设的一系列方针政策，都必须通

过党报向人民群众宣传；对革命和建设中出现的问题，也要用实事求是的观点和方法进行反映和总结。因此，人民日报总编辑邓拓同志特别重视《人民日报》的评论，尤其是社论的写作。他鲜明地指出："社论是表明报纸观点的旗帜，报纸必须有社论，才具有完全的政治价值。"当时，《人民日报》的评论工作比较薄弱。1949年，报纸发表的社论每月平均不到8篇。邓拓到人民日报后，把评论工作作为重点来抓。他不仅自己动手撰写重要社论，而且提倡编辑部大家动手写社论。起初，有些同志觉得社论高不可攀，他鼓劲说："不要把写社论看得那么严重，人都是被逼出来的！"编辑记者写了社论，他都精心帮助修改。社论送审后得到中央领导同志的称赞，邓拓就在编辑记者中广为传播，鼓励大家说："报纸的社论和评论，是每个编辑、记者都应当掌握的战斗的文字体裁。大家都要动手写评论。"从此，报上的言论多起来了。到1952年，全年仅社论就发表了208篇，其中邓拓自己就写了19篇。

在人民日报社工作期间，邓拓同志撰写了许多重要社论，如《朝鲜战争的一年》《开展批评与自我批评的几个问题》《在反贪污、反浪费、反官僚主义的伟大战争中，发动群众的关键何在?》《继承鲁迅革命爱国主义的精神遗产》《解放台湾是中国的内政，不许美国干涉》《中国人民为实现过渡时期的总路线而斗争》，等等。这些社论，准确有力地宣传解释了党和政府的路线、方针、政策，阐明了我们党和政府的基本立场和主张，及时评论了国内外发生的重大事件，对推动社会主义改革和新民主主义建设，对反对侵略战争和保卫世界和平，发挥了重要作用。

邓拓同志博学多才、文思敏捷，长期的游击办报的环境锻炼了他，使他的社论写作常常“倚马可待”。这些“倚马可待”的佳话，至今为中央机关报同志们传诵。

有些社论由于时间性很强，例如朝鲜停战谈判期间，有时晚上八九点钟才接到周总理办公室通知，需要赶写社论第二天配合重要新闻发表，遇到这种情况，邓拓同志就亲自动手。这时候，他仿佛又回到了战争年代，立刻拿起稿纸坐到校对科去，写一页，发排一页，校对一页。清样一出来，他仔细看过以后，马上送总理审阅。那些年，他亲自撰写的社论约有 60 篇，其中关于朝鲜战争的社论就有 16 篇之多。

作为党中央机关报总编辑的邓拓同志，初到人民日报时是怎样工作和生活的呢？人民日报的同志在回忆当时情景时说：“那时，他住在煤渣胡同人民日报社宿舍后院最后一排，三间平房几乎见不到阳光，后来，报社腾出了房子，几次请他搬家，他还是不搬。说：‘叫别的同志住吧！这比农村打游击好得多。我经常上夜班，没有阳光也不要紧！’”就在这样的没有阳光的房子里，邓拓同志日日夜夜笔走龙蛇，撰写文章，修改稿件，签发每天的报纸大样。繁重的工作把他累病了，他靠在床上仍旧坚持工作，每天送到他身边的报纸清样和稿件，几乎盖满了他的床。

1958 年 8 月，邓拓同志被批准离开人民日报，到北京市委工作。1959 年 2 月的一天下午，人民日报社全体工作人员举行了一次不平常的全社大会，欢送邓拓同志。在这次会上，邓拓同志作了《辩证唯物主义还是折中主义》的讲话，讲话结束时，他念了自己写的一首律诗，题目是《留别人民日报诸同志》：

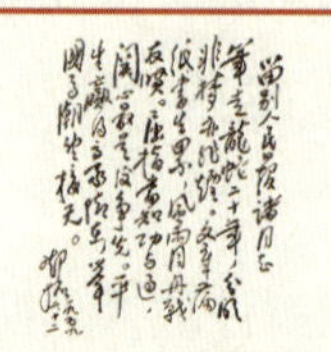

邓 拓 DENGTUO

邓拓（1912——1966），福建闽侯人。1929年邓拓考上了上海光华大学社会经济系。1930年6月加入左联，年末加入中国共产党。1937年9月奔赴五台山抗日根据地，一直负责党的宣传工作。1966年“文革”开始，他所撰写的《燕山夜话》被诬陷为“反党黑文”，他和吴晗、廖沫沙的所谓“三家村”被打成“反党集团”，是年5月18日邓拓含冤自尽。1979年2月，“三家村”冤案彻底平反。

从1937年6月开始，邓拓先后担任过《抗敌报》主任、《晋察冀日报》社社长兼总编辑、晋察冀中央局宣传部副部长、新华社晋察冀总分社社长等职务。全国解放后，邓拓担任《人民日报》社社长兼总编辑达八年之久。1958年调任北京市委书记处书记，分管文化教育，主编市委的理论刊物《前线》。他与吴晗、廖沫沙合作，在《前线》杂志上开设了《三家村札记》的专栏。这些杂文旗帜鲜明、爱憎分明、切中时弊而又短小精炼、妙趣横生、富有寓意，博得了广大读者的欢迎和支持。1961年邓拓应《北京晚报》的要求，开设了《燕山夜话》杂文专栏，以马南邨为笔名，撰写了许多文章。主要作品有《燕山夜话》、《三家村札记》、《论中国历史的几个问题》、《邓拓诗词选》、《邓拓散文选》、《邓拓文集》等。

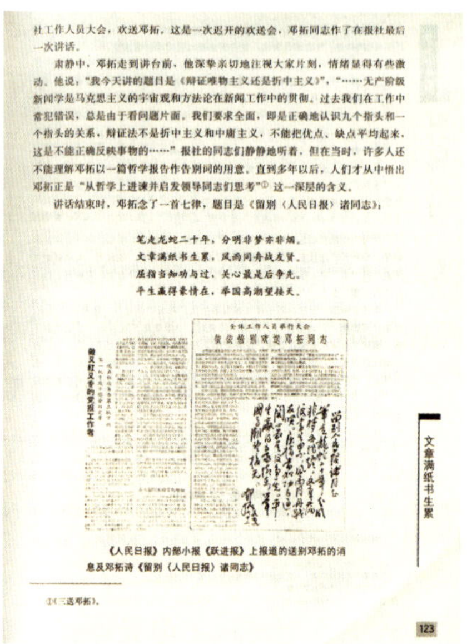

社工作人员大会，欢送邓拓。这是一次迟开的欢送会，邓拓同志作了在报社最后一次讲话。

肃静中，邓拓走到讲台前，他深挚亲切地注视大家片刻，情绪显得有些激动。他说：“我今天讲的题目是《辩证唯物主义还是折中主义》”，“……无产阶级新闻学是马克思主义的宇宙观和方法论在新闻工作中的贯彻。过去我们在工作中常犯错误，总是由于看问题片面。我们要求全面，即是正确地认识九个指头和一个指头的关系，辩证法不是折中主义和中庸主义，不能把优点、缺点平均起来，这是不能正确反映事物的……”报社的同志们静静地听着，但在当时，许多人还不能理解邓拓以一篇哲学报告作告别词的用意。直到多年以后，人们才从中悟出邓拓正是“从哲学上进谏并启发领导同志们思考”① 这一深层的含义。

讲话结束时，邓拓念了一首七律，题目是《留别〈人民日报〉诸同志》：

笔走龙蛇二十年，分明非梦亦非烟。
文章满纸书生累，风雨同舟战友贤。
屈指当知功与过，关心最是后争先。
平生赢得豪情在，举国高潮望接天。

全体工作人员举行大会
依依惜别欢送邓拓同志

《人民日报》内部小报《跃进报》上报道的送别邓拓的消息及邓拓诗《留别〈人民日报〉诸同志》

①《三遂邓拓》。

文章满纸书生累

123

笔走龙蛇二十年，分明非梦亦非烟。
文章满纸书生累，风雨同舟战友贤。
屈指当知功与过，关心最是后争先。
平生赢得豪情在，举国高潮望接天。

在人民日报工作期间，邓拓同志一直反对当“新闻官”，他自己也没有当过一天“新闻官”，总是以编辑、记者的身份战斗在新闻第一线。除了撰写社论和重要评论外，邓拓同志还时常亲自提笔写各类文章，他要求编辑记者“十八般武器件件皆通”，他自己就是这样的典范。

今天来看，邓拓同志那一代新闻人高举党报评论旗帜的实践和精神，非常值得学习继承。我们欣喜地看到，新中国成立六十多年来，特别是改革开放三十多年来，包括《人民日报》在内的各级党

报的社长、总编辑，都十分重视新闻评论工作，可以说，各种形式的新闻评论呈现出百花齐放的态势，形成了一系列叫得响的各具特色的评论品牌，比如《人民日报》的“任仲平”文章。

任仲平，是“人民日报重要评论”的谐音缩写。1993 年 12 月 22 日，《人民日报》在一版发表了《从十一届三中全会到十四届三中全会》，全文 4600 字。这是《人民日报》第一次以“人民日报重要评论”的谐音“任仲平”为名刊发评论。从此，每当遇到一些重要时刻，每当产生一些重要话题，我们都会在《人民日报》上看到“任仲平”文章。“任仲平”，以高屋建瓴的立论、真挚平实的情感、深入透彻的说理、文学的语言，创造性地诠释了社会思潮深刻变化时期我国宣传思想工作所承载的重大历史使命和丰富内涵，有力地引领着时代变革的舆论先声，在广大读者中引起强烈共鸣。1993 年之后，历届中国新闻奖评选中，一等奖评论作品中几乎都有“任仲平”文章。以 2008 年以来的三届为例，《走好全国一盘棋》获第十八届一等奖，《灾难中挺立伟大的中国》获第十九届特等奖，《改变历史的“北京时间”》获第二十届特等奖。

2009 年，在庆祝新中国成立 60 周年之际，《人民日报》评论部编辑出版了《人民日报任仲平 60 篇》，全书收入了 1993 年至 2009 年间 16 年来发表于《人民日报》的 60 篇“任仲平”文章。可以说，对于关注中国历史进程的读者来讲，人民日报“任仲平”文章不啻是倾听改革开放新时期“中国心声”的一个十分重要的窗口。

评论是旗帜，是灵魂。无论是从引导社会舆论的角度来看，还是从党报新闻事业发展的角度来看，新闻评论都以鲜明的政治性、

强烈的新闻性、广泛的群众性、严格的科学性、权威的引导性，成为党报一种不可缺少的重要新闻体裁。高举评论的旗帜，要始终践行，要有的放矢，更要不断创新。唯此，党报的权威性才能充分发挥，党报的影响力才能充分展示，说到底，党报的“喉舌”作用也才能充分得以体现。这是党报的使命使然，责任使然。

（原载人民网 2011 年 5 月 16 日）

李东东“讲传统谈新闻”专栏⑱

红笔蓝笔两从容

从1946年参与创办晋冀鲁豫《人民日报》，1948年参与创办中共中央机关报《人民日报》，我父亲李庄在人民日报工作了四十多年。他在退居二线后撰写的《我在人民日报四十年》和《人民日报风雨四十年》，就是他一生中这段最重要的经历的存照。近读当年与我父亲共事的同志朋友撰写的怀念父亲

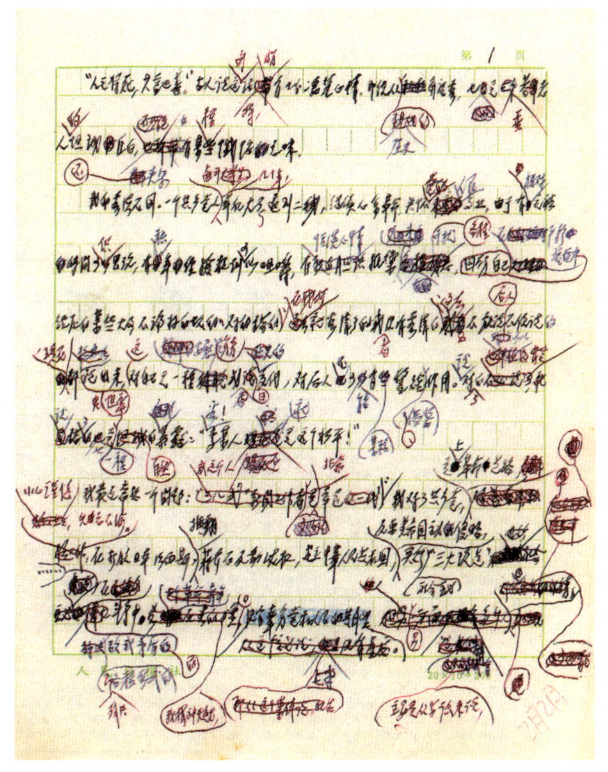

李庄同志手稿

的文章，记录了当年工作中的点滴故事和一些细节，使我仿佛看到那有声有色的忙碌岁月，那可圈可点的办报生涯。

人民日报原副总编辑李仁臣同志在《真舍不得你走》中写道——

1986年3月，我在毫无思想准备的情况下走上了报社领导岗位，由评论部副主任直接被提成报社副总编辑。我向李庄请教，他谦词连连，却在看似不经意间给了我重要的点拨，其中有一条就是“既要用红笔，也要用蓝笔”。用红笔者，改他人的文稿，审看大样，以至于策划、组织重大报道，带领队伍；用蓝笔者，自己动手写文章，不要因为忙而搁笔。这些年来，我一直没有忘记李庄的教诲，一有懈怠便用这句话警策自己，总不忘自己是个编辑、是个记者，用红笔，也用蓝笔。我能够坚持下来，是和当初李庄的提醒有直接的关系。

2002年9月12日 星期四 第十二版　　人民日报

享受新闻

李仁臣

我在现场

编《我在现场》这本书，脑海里就像过电影，围绕着这些文章，多年的记者编辑生涯，风风雨雨，坎坎坷坷，酸甜苦辣，喜怒哀乐，又在心头重温了一遍。这些文章写于不同的历史时期，有不同的时代背景，涉及不同的题材，采用不同的表现形式，但有一点是共同的，那就是作为一个记者，当新闻发生的时候，我在现场。我常常被所采访的人物和事件所打动，被一种写作的冲动所激励，我是根据自己采访的第一手材料写成的文章。就连以抽象思维为主的评论，也是从现实生活中提炼出来的，有些文章是做了认真调查研究后写成的，像《取消“四大”与发扬民主》、《就是要彻底否定“文革”》等。我在事件的现场，我在时代的现场，我在新闻的现场，真实性是这些文章最本质的属性。

本来，我的写作是以形象思维为主的，涉猎散文、通讯和报告文学。可是，进了人民日报评论部以后，三五天就要写一篇评论，写社论更是一项经常性的任务。在这之前，我只是人民日报的一个忠实读者，对它的社论常怀崇敬之情、学习之心，未曾想自己一时也能成为人民日报社论的主要执笔者之一。人民日报的地位，决定它的评论的影响威力是非同小可的，一般读者可能不知道我的名字，但是，他们却记住了《就是要彻底否定“文革”》这样的评论。

由于在评论部工作的锻炼，久而久之，在形象思维之外，又磨练了抽象思维的本领。感谢人民日报的良好氛围，使我能在形象思维与抽象思维之间自由地驰骋文思，把散文笔法融入评论写作之中。

红笔蓝笔

我于1978年5月30日进人民日报社，人保处处长冯保同志领我到评论部，由此开始评论员生涯。稿子写成，送范荣康或钱湜辛同志阅改签发夜班。不少评论最后是经当时值夜班的副总编辑李庄同志红笔改定。后来，李庄同志升任总编辑，依然青灯相伴，朱笔夜批，常以“国文先生”自嘲。李庄同志上夜班，几十年如一日，一丝不苟，勤勉清醒，备受敬重。1986年3月22日，我在毫无思想准备的情况下，由评论部副主任提为副总编辑。为做好这份工作，我向李庄同志请教，他谦词连连，却在不经意间给了我重要的点拨，其中有一条就是“既要用红笔，也要用蓝笔”，我牢记不忘。用红笔者，改他人的文稿，审看大样；用蓝笔者，自己动手写文章，不要搁笔。这十几年来，我遵照办理，一有懈怠便用这句话警策自己，总不忘自己是个编辑，自己是个记者，用红笔，也用蓝笔，这才有这本书的出版。

人民日报之所以能有一支高素质的记者编辑队伍，是因为有一个要求严格、力求上进的工作氛围，有一茬一茬人的传承帮带。在这个集体中，我是受益者之一，我感谢老同志给我的教诲。我同时又是链条中的一环，在担任领导之后，在组织一些大型的战役性采访报道中，总是注意发挥业务骨干的作用，注意给崭露头角的新人以脱颖而出的机会。我有责任给年轻记者编辑以帮助，同时，我也从他们身上看到现代记者的风采，得到了他们的帮助，尤其是到那些艰苦的环境中去采访，如闯南极，赴北极，到南沙海礁、新疆戈壁、塔克拉玛干大沙漠深处……这本书里收集的有些文章，是我带队采访时大家共同的作品，在人民日报上发表时共同署名，其中有我的心血，也有他人的智慧，在此我要向他们表示谢意。

享受新闻

读大学我就选择了新闻，1965年毕业至今，我为新闻工作付出过，但我得到的回报更丰厚。今年仲夏，当《我在现场》这本书编成之时，我忽然有了一种全新的感受——新闻经历不论是苦是甜，都是一种享受。这种新的感受，是基于一种不变的信念，那就是对报纸工作的钟情，对新闻事业的挚爱。

其实，在我的新闻工作历程中，有阳光洒照，也有风雨兼程；有淋漓酣畅，也有坎坷艰阻……处于不同的境遇中，会有酸甜苦辣诸种感觉，但是，每当经历一番艰难的采访，每当改定文稿的最后一页，每当飘着油墨香的报纸展现于面前，每当看到一茬茬年轻编辑记者拿出精彩之作，都会感到由衷的喜悦。此情此景，对于参与其中的新闻工作者怎能不说是一种享受！

享受新闻，如同享受清风，享受阳光，一样的可贵，一样的值得珍重。

（这是作者为《我在现场》一书写的后记，该书由人民日报出版社出版）

李仁臣同志文章《享受新闻》

我在评论部工作的时候，曾用散文笔法写过一篇植树节的评论员文章，题目是《大家都来描绘绿色的画卷》，与以往的植树节评论不一样，得到李庄的肯定。植树节的评论，应该是农村部写的，但是，农村部主任李克林常来评论部找部主任范荣康，拿来一些重要的消息、通讯，让评论部帮着配评论。那时，大家称李克林为“李老太”，只要李老太一来，准有重头戏。我就曾经接到过一项任务，为李老太拿来的一篇通讯配评论。这篇通讯写的是“文化大革命”期间，山西省昔阳县搞了个“西水东调”工程，就是从昔阳县境西部截住流入黄河水系的潇河水，通过人工开凿的隧洞穿过太行山，从地下引向东流，灌溉昔阳5个公社的土地，改入海河水系。这项“改天换地”的所谓大工程，历时四五年，投工近500万个，耗资达几千万元。粉碎“四人帮”、拨乱反正之后，这项工程终于下马了。这是一个极为沉痛的教训。在“农业学大寨”的年代，明知这种工程劳民伤财，可是谁也不敢碰。李老太拿到这篇稿子，如获至宝。范荣康将配评论的任务下达给我。我反复研究这篇通讯，确实感到这是一个极为沉痛的教训，多少年来，我们搞农业，一靠运动，二靠“大干”。现在看得很清楚，靠没完没了的政治运动不行，靠盲目的“大干”也不行。这种蠢事，我们不能再干了。评论写成后经范荣康修改送李庄。我拟的标题是《沉痛的教训》，对这个标题，自己也不太满意，感到一般化，但因催得紧，便仓促交卷了。评论小样送到李庄那里，很快就退回来了。我一看，眼睛为之一亮，标题改为《再也不要干“西水东调”式的蠢事了》。虽然标题不用标点符号，却能让人读出惊叹号来。见报时就是这个标题，非常提气，非常鲜明，非常响亮。后来，这篇评论被评为全国好新

闻一等奖，标题好，也是这篇评论引人注目的原因之一。

20世纪50年代，李庄同志摄于莫斯科郊外集体农庄田野。

经李庄朱笔点石成金的稿子不计其数。有的稿子在见报前退到部里，大家看了笔迹才知道是李庄改的。有的稿子是在夜班上了版以后，李庄在大样上改的，第二天见报了，作者看到有改动，但不知道是谁改的。不过，有经验的编辑、记者知道是李庄在上夜班，凡是出彩的标题，十有八九都出自“老李”之手。

……

人民日报原国内政治部主任吴昊同志在《道不尽许多情》中写道——

李庄文章是我师。

李庄是我文章师。

我说，我应称李庄同志为“老师”，主要是指写文章说的。那些年，我在《人民日报》上发表的东西，不少是李庄同志亲自改过的。

有人曾说：“人民日报优势在评论，评论优势在李庄。”这话的确有一定道理。李庄同志确实是个新闻评论的专家，或者说是对评论进行修改、创议、把关的专家。那些年，他主持夜班工作，每天报上的评论，从“社论”、“评论员文章”到“今日谈”、“编者按”几乎都经过他的手。看着李庄同志改过的样子，让人叹服他那精益

求精、严肃认真、妙笔生花、一丝不苟的作风和文风。李庄同志从不放过对任何一个字的推敲，也不放过对任何一个标点符号的订正。在我的记忆里，不知有多少次，都是文章已经上版了，李庄同志还是打电话来，叫把某个字或某个标点改过来。每当我说他改得好时，他总是自谦地说：“雕虫小技！雕虫小技！”

一张报纸，一个刊物，可能有人喜欢，有人不喜欢。青年人喜欢的，老年人未必喜欢；老年人喜欢的，青年人未必喜欢。市场经济，具体到办报、办刊，就要抢读者，谁抢到读者，谁就成功。报刊的内容、版式、风格，都有可能成为各自的优势，但是要从文字规范、文字优美来说，所有报刊都是一样的。文字生硬，错别字成堆，标点符号乱用，哪一类读者都不会喜欢。李庄同志所谓的“雕虫小技”，对任何一个报刊来说，对任何一个编采人员来说，都是“雕虫大技”，都是不可或缺的硬功夫！像李庄同志这样的才人，永远是我们这些文字工作者的楷模。

……

人民日报记者部高级记者高新庆同志在《永久的伤痛》中写道——

我在人民日报四十年，从一个毛头小伙子，成长为比较成熟的编辑记者，编、采、评基本都能拿得起来，这与报社很多老领导、老同志的指导、帮助分不开，而李庄同志的教育，手把手指导，一字一句的推敲、指导、修改更为突出。可以说，在李庄同志主政期间，我所有在全国产生影响的新闻、通讯、述评、评论、社论，几乎都有李庄同志的斧正和心血，包括很多一版和一版头条的新闻作品，很多是他亲自安排版面。这种呵护和关爱，令我永生难忘。

1977年3月2日，《人民日报》一版头条新闻《徐州铁路分局顶住“四害”由乱到治》及配套评论《要大治，要敢治》……新华社发通稿，中央台头条广播。这套东西，李庄同志作了仔细修改和加工。

1977年10月9日，《人民日报》一版头条大字通栏竖题：《打一场肃清“四人帮”流毒的人民战争》，六千多字的评述新闻，新华社发通稿，全国各家报纸全文一版或一版头条转载……这篇重头稿，李庄同志亲自改后还打电话专门告诉我放在《人民日报》一版头条。

……

1983年5月13日，《人民日报》头版二版同一天刊登我三篇东西，一版头条新闻和评论《振奋人心的启示》，二版长篇通讯《三明市的变化》，第一次全面系统介绍三明市在改革、开放带动下，坚持以物质文明为基础，以精神文明为导向、灵魂，两个文明一起抓，两个轮子一起转，精神文明促进物质文明建设的经验。……12日晚9点左右，李庄同志亲自给我打电话，说：“小高，你到我办公室来一下。”我立刻赶到他三楼办公室，他对我说：“你的大作老胡（时任社长胡绩伟）已审定、修改，老胡政治上把关，咱们一起来，对评论再从文字上斟酌斟酌。”于是他拿出老胡审定修改过的小样，一句一句念，一句一句修改，不时还问我，这样改一下是否更准确、贴切？这次一起修改，我对老李真服了，他老人家知识之渊博，古文功底之深厚，文字之准确、贴切，我这一辈子恐怕坐飞机也赶不上。

……

这些饱含深情的回忆，就是父亲红笔蓝笔办报生涯的真实写照。父亲的新闻历程，前半段主要用“蓝笔”，以记者的眼光和笔

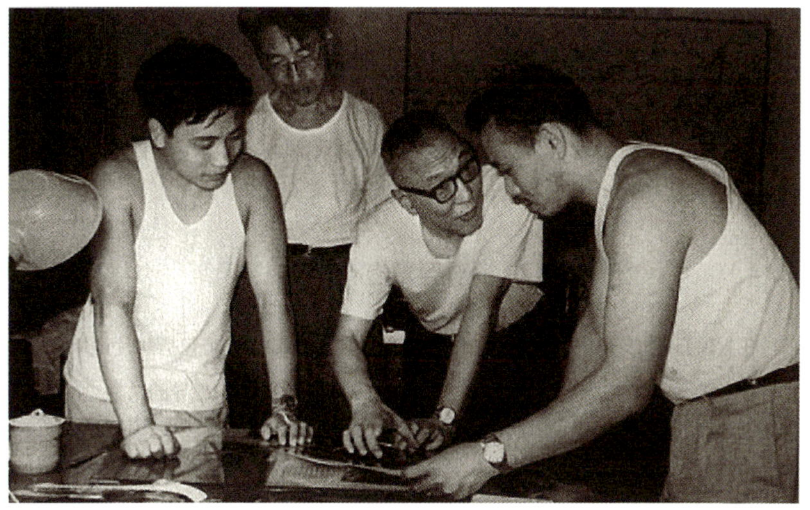

20 世纪 80 年代，李庄同志在夜班。

触采写新闻和通讯；后半段侧重执“红笔”，以编辑的视角和思维编排新闻和版面。几十年来，他都做得有声有色，可圈可点。关于他的“红笔蓝笔两从容”，除了自己写文章用蓝笔，编改他人的稿子用红笔这一层意思外，还有一层，就是退出现职领导岗位后，要放得平心态，拿得起蓝笔，书写回忆文章，总结经验教训，继续做有益事业、有益后人的事。父亲的新闻作品除在不同时期、以不同形式结集选编外，晚年仍笔耕不辍，先后撰写了 80 多万字的回忆文章,《我在人民日报四十年》《人民日报风雨四十年》《晚耕集》《难得清醒》等，就是放下红笔、拿起蓝笔的结果。而《新闻典范在咫尺》（范敬宜）和《人民日报历史的画卷和宝贵财富》（张研农）两文，无疑对此作了饱含深情的、高度概括的评价。

（原载人民网 2011 年 5 月 23 日）

相关链接

新闻典范在咫尺

——《李庄文集》序

◎ 范敬宜

吾闻夫：有非常之时势，必有非常之人物；有非常之人物，乃有非常之文章。证之近代华夏报史，其言信然。溯自鸦片战争以降，国运衰微，人心思变，报业遂因时而兴。于焉嵚崎卓荦之士，风起云涌，灿若群星。其前，有王韬、梁启超、章太炎、邵飘萍、瞿秋白、张季鸾、邹韬奋等为之先驱，怀救国忧民之心，挟横扫千军之笔，雄辞伟论，振聋发聩。其后，有范长江、胡乔木、恽逸群、邓拓、吴冷西、乔冠华、刘白羽、华山、穆青等为之后继，崛起于寇深祸亟、民族危亡之际。或驰骋于抗日救国、民族解放之疆场，或纵横于环境险恶、血雨腥风之敌后，铁骨贞怀，不愧一代英杰。至若乱世能横戈立马，以笔代枪；盛世能夙兴夜寐，殚精竭虑，以其文、其声感召万众者，不可胜计，其间卓然特立者，《人民日报》原总编辑李庄等前辈是也。

公少怀大志，敏悟好学，且虚怀若谷，恂恂然有古君子之风。丁丑事变，华北沦陷，半壁江山沦于水深火热之中。公奋起投笔从戎，随我军转战太行，为战地记者中倚马之才。定鼎之初，朝战爆

发，公领命前方，不避艰危，为率团入朝采访第一人，出生入死，佳作迭出而名噪一时。公倾力参与《人民日报》之创建、兴革、发展，凡半世纪，建树卓著，道德文章皆为世所重。尤可贵者，数十年间虽事务冗繁，犹笔耕不辍，常殷殷告诫后学曰：吾辈勿忘终身红蓝两笔并用。即离休之后，犹每日黎明即起，俯仰平生，心追手录，时有警世之作，未尝有一日闲居，其勤奋过人有如此者。

然公率性淡泊，谦冲自牧。平生虽著述等身，皆分散出版，故得窥其全豹者实寡。今公已届“望九”之年，亲属遂有醵资为其出版全集以代祝嘏之议。坚请再四，方获颔首。人民日报出版社与宁夏人民出版社深嘉其意，为早付剞劂，全力以赴。今书方成，居然煌煌巨构矣。从此鲁殿灵光，尽现人间，岂独报坛之盛事耶！予读其书，如闻其謦欬，亲其风范。慨然叹曰：“新闻岂无学，典范在咫尺，今吾报人学有圭臬矣。古人所云‘高山仰止，景行行止，虽不能至，心向往之’，其斯之谓欤！”

（原载《人民日报》2005年4月8日）

人民日报历史的画卷和宝贵财富

——读《李庄文集》有感

◎ 张研农

一部《李庄文集》(人民日报出版社、宁夏人民出版社出版),四卷,集结了人民日报社深受尊敬的老领导、原总编辑李庄同志的新闻作品、散文、论文和回忆文章。

这不是一般的新闻工作者个人作品按编年的汇集,更不是特殊的有组织创作的文章集纳。通读文集,犹如漫步走进党领导的我国新闻事业发展的历史长廊,犹如侧耳倾听人民日报的进行曲乐章。文集中展现的那艰苦的岁月、澎湃的激情,那光辉的历程、成功的欢乐,那痛苦的曲折、难得的清醒,令人思绪涌动,心潮难平。

历史总是在艰难地解答着一个又一个新的课题中前进的。这部文集,可以称得上当代新闻工作者不可多得的良师益友。李庄同志从旧式家庭步入革命队伍,在党的培养下,融入时代潮流,坚定理想信念,点燃生命豪情,又保持着知识分子率性淡泊、谦冲自牧的品质,这就注定他一生同党和人民同呼吸、共命运,忘我工作,负重前行。李庄同志是人民日报的创始人之一,默默耕耘人民日报直至超期服役,自请离休。他长期执蓝笔,做记者;又长期握红笔,

走科技创新之路

新闻典范在咫尺
——《李庄文集》序

哲学如同阳光

学术动态

审美是人生的节日

哲学：不知之知

承担起社会责任

营造公平的社会环境

2005 年 4 月 8 日《人民日报》第 15 版

政治经济学学科的现状和发展趋势

人民日报历史的画卷和财富
——读《李庄文集》有感

学术动态

关注经济运行的中长期问题

跨文化现象与中国文化

2005 年 5 月 13 日《人民日报》第 14 版

当编辑。这使他对做好党的新闻工作有丰富的体验和精辟的见解。

“八小时出不了合格的新闻记者”，“把被窝里的几个小时移到写字台上”，“新闻工作的灵魂——深入实际、深入群众”，“记者永远是学生”，“学习和工作一样重要，不学习就无法起步工作，不学习就难以继续工作”，“独立思考是新闻记者的宝贵品质”，“哲学是新闻记者的必修课”，“理论贫弱，百病丛生”，“一定要懂点辩证法”……这些通过艰辛实践凝练而成的至理名言，对怎样做好新闻工作、怎样做一个合格的新闻工作者，无不具有深刻的启迪意义和经久的警醒作用。《李庄文集》对一切有志于党的新闻事业的编辑记者来说，如同是不见面的老师，不握手的朋友，从中可以得到许许多多的教诲和忠告。

事非经过不知难。李庄同志长期工作在人民日报的领导岗位上。这部文集，又可以称得上新闻单位特别是党报负责同志的必修教材。文集反映了历史风尘和时代潮汐，这之中有高歌猛进有坎坷险滩，有生动活泼有急风暴雨，有心情舒畅有苦闷茫然。置身这样的环境，李庄同志坚定地相信党相信人民。认定真理，百折不挠；追求光明，矢志不渝；保护人才，荣辱不计；顾全大局，检讨不怨。这种党性这种胸怀，令人敬佩。

“指导性之于党报，就像‘通灵宝玉’之于贾宝玉，是命根子，不能须臾或离”。这是李庄同志的殷殷告诫。“旗帜鲜明，目光四射，开门迎宾，登堂求教”。这是李庄同志实践全党办报方针的经验结晶。联系到今天新闻界深入开展的“三项学习教育活动”，文集中许多的深切感受，值得我们深思，能够使我们更坚定地认识和坚持马克思主义新闻观，更自觉地树立和弘扬新闻工作的职业精神和职业道德。《李庄文集》是人民日报一代又一代新闻工作者受益终生的宝贵财富。

离休后的李庄同志始终心系党的事业，心系人民日报，由衷地拥护中国特色社会主义的理论和路线。他多次深情地说：“要珍惜历史上少有的好条件。”是的，今非昔比，沧桑巨变，现在的条件是过去不敢想、想不到的。党的事业在改革开放中大步前进，中国特色社会主义道路越走越宽广。回想文集中叙述的人民日报1956年改革初期的轰轰烈烈，半年后的销声匿迹，怎能不更加珍惜今天的条件和环境。改革不可逆转，创新成就希望，党报在与时俱进。在全面建设小康社会和构建社会主义和谐社会的伟大历史进程中，党的新闻事业使命光荣，职责重大，舞台广阔，前景灿烂。

历史是最好的教科书。随着时代的前进，《李庄文集》的价值和作用必将更加引人瞩目，催人奋进。

（原载《人民日报》2005年5月13日）

李东东“讲传统谈新闻”专栏⑲

锤炼勇于担当的政治品格

20世纪70年代末，改革开放的历史关头，新华社、人民日报负责同志编发处理一些重头文章的幕后故事，虽然事隔三十多年，但我认为对锤炼新闻工作者“勇于担当”的政治品格，仍然有积极的启发和借鉴意义。

譬如，穆青同志时任新华社副社长时，采写编发《为了周总理的嘱托》的情况。

1978年3月14日，新华社播发了一篇署名穆青、陆拂为、廖由滨的长篇通讯《为了周总理的嘱托》，在《人民日报》头版刊发，报纸在配发编者按的同时，还刊登了吴吉昌一幅头扎白毛巾的照片。《为了周总理的嘱托》这篇在中国新闻史上被称为“最早公开发表的对‘文化大革命’持否定态度的人物通讯”，就是由时任新华社副社长的穆青同志冒着政治风险参与写作和签发的。

1978年初，新华社山西分社记者廖由滨给总社发来一篇稿子，题目叫《棒打不回头的种棉模范吴吉昌》，写的是山西闻喜县一个叫吴吉昌的老农民科学种棉花的故事。稿子写得技术性很强，而且

逻辑是倒过来讲的，说吴吉昌在“文革”中因为受到冲击，从而得到教育，所以搞出了成绩等等。不过里面有一点非常感人，那就是这个老农民为了完成周总理交给的任务，打成反革命也不罢休的那股子劲头。穆青看完稿子，立刻把廖由滨叫回总社，听取详细介绍。事迹很感人，但处处涉及“文革”的阴暗面，怎么敢写？在穆青看来，这个叫吴吉昌的种棉花的老农民，竟一下子把他推到了“两个凡是”的禁区边缘。后来，在穆青的提议下，派出陆拂为与廖由滨一道再赴山西重新采访、重新写作。再后来，恰逢吴吉昌来北京参加全国科技大会，穆青便把老汉接到新华社，与陆、廖一起与老汉又谈了两个晚上。后来又写、又改了五天五夜，一个字一个字地抠，光题目就改过五个。

3 月 13 日，《为了周总理的嘱托》播发前一天，穆青亲笔写信，把清样送给《人民日报》负责人征求意见。时任人民日报副总编辑的李庄一口气读完，立即给穆青打电话，说：“写得好！”并告之，报社决定加编者按刊发。第二天，这篇文章就在《人民日报》头版刊出了。

多年以后，穆青同志这样回忆当时的情形：“对吴吉昌不是一个认识问题，而是一个胆识问题。就是你认识到了，敢不敢讲？我想，只要是事实，是真理，代表了大多数群众的意见，代表了全党大多数干部的思想，这样的东西，我们就敢讲！当然，这要有一点风险，那就随它去吧。将来要挨整，挨整就是了。我就是这么认识的。”穆青同志的这段回忆一直保存在一盘磁带里，从他激愤的语调中，仍然能够清晰地体味出他当年痛下决心时那一刻的义无反顾。

又如，人民日报原副总编辑李仁臣同志这样回忆李庄同志的政治担当：

“十一届三中全会前后开始，李庄同志以极大的政治热情和认真负责、实事求是的工作态度，投入到真理标准讨论、解放思想、拨乱反正、平反冤假错案、落实干部政策、落实知识分子政策、农村改革宣传报道中，长期值夜班，许多重要社论、评论、重大报道、重要文章大都经他阅改定稿发排上版见报。

“1978 年开始，围绕农村改革，重点是推进还是反对联产承包责任制，从中央部门到地方有过尖锐的分歧，《人民日报》本身的立场是明确的，但作各方意见交锋的平台，也发表过像张浩来信那样的文章。1980 年 4 月 2 日，人民日报发表《因地制宜建立健全生产责任制》社论，李庄同志在社论中加了一句话：‘去年 3 月 15 日，本报曾在一篇编者按语中对包产到组作了不适当的指责，挫伤了一些基层干部和社员群众的积极性。’在《人民日报》社论中作自我批评，这是前所未有的。”

1979 年 5 月 13 日，《辽宁日报》头版头条刊发了《莫把“开头”当“过头”——关于农村形势的述评》，这是范敬宜同志在辽宁日报当记者时调查采写的。当时，他在深入辽宁农村采访时，发现广大农民由衷地欢迎“包产到户”，热烈拥护党的十一届三中全会路线和刚刚开始的农村改革，但在当时上层一些同志中，却有另一种怀疑、抵触的声音，认为农村改革“过头了”。恰在此时，范敬宜的报道旗帜鲜明地提出农村改革刚刚开始，千万不能把开头当成过头。令所有人没有想到的是，这篇文章在《辽宁日报》刊出三天之后，就被《人民日报》转载，且放在头版头条位置，并配发了

人民日報
RENMIN RIBAO

把有生之年献给边疆建设事业

按照我国特点调整发展农机工业

分清主流与支流 莫把「开头」当「过头」

继续贯彻三中全会精神解决前进中问题

上海制线织带行业积极慎重进行调整

广西加强早稻田间管理

1979 年 5 月 16 日《人民日报》

400 多字的编者按语。当时主持夜班工作、安排编发处理这篇文章的人民日报副总编辑李庄同志，敏锐地判断出这篇文章的价值，果断决定转载，并把题目改成了《分清主流与支流莫把“开头”当“过头”》，还加了一个分量很重的编者按语。后来的事实证明，由于《人民日报》的转载和评价，《莫把“开头”当“过头”》一文产生的影响，远远超出了辽宁省的范围，在全国引起很大反响，澄清了社会上对党的十一届三中全会路线的一些模糊认识，起到了帮助人们辨清是非、正本清源的作用。这篇文章，也以新闻名篇留诸新闻事业史。

多年以后，范敬宜写了题为《如果不是〈人民日报〉转载……》（原文链接）的文章，记录了《莫把“开头”当“过头”》的写作、发表和被《人民日报》转载的前前后后。他在文章中说：“如果没有《人民日报》的转载和肯定，不但这篇文章不可能产生那么大的社会效应，连我这个作者将会遭到什么样的命运，恐怕都很难说了。”“《人民日报》敢于转载这篇文章，我认为是需要胆识和魄力的，是有一种捍卫三中全会路线的政治勇气的。”

以上这些故事、这些细节，说明了一个道理：新闻工作者在任何时候都要铭记党和国家赋予的使命与责任，关键时刻勇于担当、善于担当，有政治担当的胆识、勇气和魄力。我想，勇于担当、善于担当，也是老一代新闻工作者一直以来所坚守、践行的，这是一种精神境界，是一种优良传统，更是留给我们的一笔宝贵精神财富。

历史不会忘记，在中国共产党成立90年来的历史进程中，那些红色新闻工作者始终是党领导的新民主主义革命、社会主义革命和社会主义建设的最直接参与者，也是党领导人民推翻三座大山，建立独立、民主、自由的新中国，开辟中国特色社会主义道路的最直接见证者和记录者。为了共产主义远大理想，为了国家的富强、民主、文明，为了人民群众过上幸福生活，他们以高度的责任感和使命感，传播科学真理，弘扬民族精神，宣传党的主张，反映人民呼声，写下了不可磨灭的光辉篇章。

历史将会铭记，改革开放新时期的新闻工作者们，继承前辈勇于担当的精神品格，发扬前辈优良传统，高举中国特色社会主义伟大旗帜，以邓小平理论和“三个代表”重要思想为指导，深入贯彻落实科学发展观，认真贯彻落实党中央的决策部署和工作要求，解放思想、实事求是、与时俱进，贴近实际、贴近生活、贴近群众，深入新闻现场实地采访，哪里有重大新闻，哪里就有他们的身影，一篇篇报道、一张张图片、一组组镜头，生动书写着中华民族的伟大复兴，生动再现了中华儿女的时代风貌。他们是党的“喉舌”，是人民的“耳目”，宣传党和国家的大政方针，关注民生，传播文化，及时为群众带来新闻信息和精神食粮；他们在党和人民群众之

间，发挥着积极的“桥梁”“纽带”作用。他们深深知道，一个新闻工作者，从他拿起笔来写新闻的第一天开始，就应该掂得出这支笔的分量，明白自己肩上的责任与使命：对党负责，对国家负责，对社会负责，对人民负责。

时下，随着科学技术的日新月异，以数字化、网络化为代表的信息技术广泛应用，推动了新闻信息传播方式不断变革、传播速度不断加快、传播范围不断拓展，特别是以互联网、移动媒体等为代表的新媒体蓬勃发展，带来了跨媒介、跨产业融合的传播新格局，多媒体、多介质的特征越来越明显。人们思想的多元、多样、多变，信息传播的交流、交锋、交融，是对新闻工作者正确把握舆论导向的挑战，更是对新闻工作者锤炼政治品格的考验。相信新时期的新闻工作者，能够勇敢地迎接这一挑战，经受住这一考验，掌握宣传报道主动权，抢占舆论话语权，不辜负党和人民的重托和期望。

（原载人民网 2011 年 5 月 30 日）

相关链接

如果不是《人民日报》转载……

◎ 范敬宜

做梦也不曾想到，那篇不甚经意写的《莫把“开头”当“过头”》，被《人民日报》转载后会产生那么大的“轰动效应”。

“此情可待成追忆，只是当时已惘然。”一切都像发生在昨天。

一

1979年5月16日，我在辽宁省喀喇沁左翼蒙古族自治县农村采访。中午时分，县委宣传部的同志匆匆跑来向我报信：“老范，今天早晨中央台广播，你写的《莫把“开头”当“过头”》已被《人民日报》在一版头条全文转载，还加了一个很长的编者按。新华社也向全国发了通稿……”

我脑袋“嗡”的一下，第一个反应就是：“又闯祸了！”再也无心采访，临时搭上一辆卡车，急忙赶回县里打听究竟。

在县里，焦急地等待中央台重播这条新闻。当广播员用铿锵有力的声调播送《人民日报》的编者按：“……作为新闻工作者，要像辽宁日报记者范敬宜同志那样，多搞一些扎扎实实的调查研究，

用事实来回答那些对三中全会精神有怀疑、有抵触的同志”时，我不禁百感交集、热泪盈眶。

第二天一早，我就赶回沈阳。走进报社编辑部，同志们纷纷向我祝贺。副总编辑郑直告诉我：“省委第一书记任仲夷同志前天下午亲自到报社来，想见见写这篇文章的记者，可惜你不在。明天下午编辑部要开大会，请你介绍采访经过和体会。”他把我带进会议室，墙上已经挂了一条大红横幅：“向范敬宜同志学习！”

我急忙去找总编辑赵阜，惶惑地问他：“你们这样做，不会犯路线错误吗?”

赵阜哈哈大笑。这件事后来传为笑柄。

二

事情的经过，很有传奇色彩。

1978年秋天，拨乱反正的劲风吹遍全国，我也结束了“文革”十年的下放生活，回到辽宁日报。但“右派改正”工作尚未开始，“摘帽右派”的身份犹未解除，工作证上“职务”一栏填的是含意不明的“干部”二字，只能在农村部做些一般编辑工作。即使如此，我也心满意足了——毕竟又重新开始了被中断几乎20年的新闻工作，觉得一切都那么新鲜。特别是部主任石永伟对我很友善，不但不另眼相看，还经常破例派我下乡采访、写稿。有一次我化名写的一篇评论《“大锅饭”与“铁交椅”》，竟被《人民日报》理论版转载，引起了新任总编辑赵阜的注意。那时浑身真有使不完的劲儿，恨不得一天就追回失去的20年！

那年冬天，具有划时代意义的党的十一届三中全会召开了。

凭着10年在基层生活的切身感受，我意识到这次全会确定的政策，是真正能够解放生产力的政策，真正符合广大农民愿望的政策。因此，对宣传三中全会精神特别出力。谁知，时隔不久，到了1979年三四月间，情况突然变化，社会上出现一股冷风，传说什么“三中全会的政策过头了”、“现在农村中资本主义泛滥了”、“辛辛苦苦二十年，一夜退到解放前”，把农村状况描绘得一团漆黑。特别是四月间《人民日报》在一版头条发表一篇署名文章之后，否定三中全会路线的声浪更是甚嚣尘上。辽宁日报社每天收到的来稿，大量是反映如何“反击资本主义势力，坚持社会主义阵地”之类的报道。当时，我们“处江湖之远”，根本不知道这是什么“倒春寒”，更不知道上层有什么“两个凡是”，只是感到困惑：既然三中全会的路线、政策深得民心，为什么反对的声音如此强劲？如果三中全会的路线、政策真是“过了头”，报纸今后如何继续宣传三中全会精神？

这时候，正在兴城养病的石永伟给部里来信，嘱咐大家别受任何干扰，要坚定不移、旗帜鲜明地宣传三中全会政策。农村部领导同志决定分几个小组到农村作调查研究，摸清情况，然后对当前农村形势作出判断。

我主动选择了地处辽西贫困山区的建昌县。因为从1969年到1978年，曾在那里度过近10年的艰难岁月：当过名副其实的生产队社员，当过县农业办公室干事，跑遍了全县20多个公社、300多个大队的山山水水，对农村情况比较熟悉，而且结识了一批基层干部和普通农民。他们肯定能够向我说真话、说实话，这样调查研究可以少走一些弯路。

没有想到，到了建昌县，我访问的许多县、公社、大队干部，几乎异口同声地告诉我：现在农村确实乱套了，农民都不听指挥了，资本主义泛滥成灾，再继续下去快要失控，难以收拾了。有的大队党支部书记甚至说：现在地主富农都趁机反攻倒算，他晚上不敢出门上开会，早上不敢上井打水，怕遭暗算。有的干部声泪俱下地对我说："老范，你可不能忘本哪！"情况竟然如此严峻，倒叫我不知所措了。经过反复考虑，我决定到过去落户的生产队去，直接听听老百姓怎么说。结果听到的大不一样。他们众口一词地说：三中全会政策太好了，照这样下去，农民就有希望了。我问：好在哪里？他们说：活起来了！前几年农民被"四人帮"捆得没有活路，连种几垅土豆、韭菜都被当作资本主义拔掉，编几条席子也被当作"小生产"批斗游街。现在好了，给了生产队自主权，适合种什么就可以种什么，搞点副业也不会再当"资本主义"来批，咱农民不就有活路了吗？

老百姓的一个"活"字，给我极大的震动。同样的事物，为什么干部和群众的看法有这么大的差异？带着这个问题，我又回到县里向县委书记马汉卿、副书记张化成请教。他们两位都是农村工作经验丰富的老干部，思想比较解放，对三中全会精神有正确的认识。讨论的结果是：虽然三中全会已经开过，但是由于受"左"的思想长期束缚，各级干部对三中全会精神还很不理解。不仅老干部的解放思想需要一个过程，年轻干部也需要从头学起。因此，帮助各级领导干部解放思想，改变观念，是保证三中全会路线、政策贯彻落实的关键。这些认识，现在看来平淡无奇，在当时真有点振聋发聩。

三

我结束采访后，向报社农村部领导汇报了情况，另外两个调查组也回来了，看法基本相同。于是部里决定撰写一套述评，由我执笔写第一篇，主题就是：分清主流和支流，千万莫把“开头”当“过头”。由于素材比较丰富，思想比较明确，这篇述评很快就写成了。在报社几位老总支持下，5月13日，《莫把“开头”当“过头”》顺利地在《辽宁日报》一版头条位置见报。当时我并没有把这当作一件了不起的事情，所以当天一早就去喀左县采访。没有想到，3天之后它就被《人民日报》转载。

事后我才知道，在这3天之内，这篇文章还引起过一场风波。当时辽宁省委正在召开三级干部会议，不少干部看了文章议论纷纷。有的说：这个记者纯粹是胡说八道，歪曲事实；有的说，如果现在还不算过头，怎样才算过头；有的甚至说，看来范敬宜这个右派还没有当够。在这种情况下，省委第一书记任仲夷同志旗帜鲜明地在大会上公开表态：“我赞成范敬宜的观点，而且认为标题应该加上一句——莫把支流当主流！”这样，事态总算没有再扩大。加上《人民日报》及时转载，又作了那么尖锐的编者按语，指出：“还有一些领导同志，对三中全会确定的方针、政策，本来持怀疑态度，甚至有抵触情绪，自己又不深入调查，看看群众和基层干部在想些什么，实际情况是怎样，一听到有人叫‘过头了’，自己也跟着叫起来；或者是把工作中出现的一些属于支流的问题当作主流。这说明一些同志的思想仍然处于僵化或半僵化状态。要改变这种状况，最好是这些同志自己到基层走一走，听一听群众和干部的呼

声。”这样一来，非议很快得到平息。而拥护三中全会方针、政策的人，则感到扬眉吐气，更加理直气壮。许多地方拿着这篇文章去做广大干部、群众的思想工作，说服大家要用正确的观点来认识当时的形势和问题，起到了解放思想、拨乱反正的作用。

后来的事实证明，由于《人民日报》的转载和评价，《莫把“开头”当“过头”》一文产生的影响，远远超出了辽宁省的范围，在全国引起了很大反响。这使我更加认识到《人民日报》的威力和影响，是任何其他报纸所不能企及的。如果没有《人民日报》的转载和肯定，不但这篇文章不可能产生那么大的社会效应，连我这个作者将会遭到什么样的命运，恐怕都很难说了。

四

《莫把“开头”当“过头”》发表之日，正值“倒春寒”逼人之时。因此，后来常有人问我：在那种形势下，你怎么敢写这种文章？《人民日报》怎么敢转载这篇文章？

从我来说，当时并不存在敢不敢的问题，因为压根儿不知道高层的复杂背景，不了解“两个凡是”对三中全会路线的严重干扰。只是10年基层生活，使我这个从象牙塔里摔出来的知识分子，多少了解了我国的基本国情，懂得农民究竟欢迎什么政策，反对什么政策；什么样的政策会给农民带来幸福，什么样的政策会给农民带来灾难（这个“基本功”对我终身受用）。因此，听到有人说三中全会政策的坏话，很自然地认为不符合实际情况，应该实事求是地把真实情况反映出来，以正视听。有人说我是“无私无畏”，我一再声明：我没有那么高的觉悟，只能说是“无知无畏”。要是知道

背景那么错综复杂，说不定我就没有写这篇文章的胆量了。

至于《人民日报》敢于转载这篇文章，我认为是需要胆识和魄力的，是有一种捍卫三中全会路线的政治勇气的。特别是时任《人民日报》副总编辑、新闻界德高望重的李庄同志，在值夜班时从《辽宁日报》上发现这篇评论后，立刻敏锐地判断出它的价值，当机立断决定转载，并加了这个分量很重的编者按语。转载的成功，说明了三中全会实事求是的思想路线已取得决定性的胜利。

（原载《范敬宜文集·新闻作品选》，
清华大学出版社 2009 年版）

李东东“讲传统谈新闻”专栏⑳

有志于使新闻工作留名青史

为纪念中国共产党成立90周年，在柳斌杰同志领导下，一套关于中国红色进步记者的丛书《中国红色记者》已编纂完成。近段

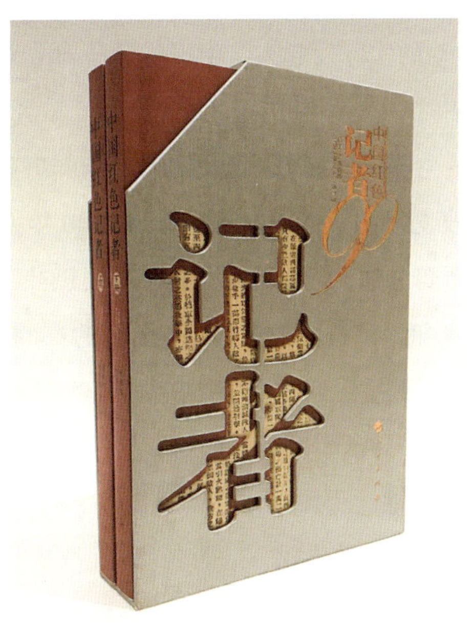

《中国红色记者》（上、下册）

时间，我和编委会同志们一道，通过研读、归集、梳理优秀进步记者的新闻作品、著述以及同事、友人回忆文章（现在编辑出版的这一部分，是已逝前辈的事迹），深深感到，新闻记者通过自己的笔和镜头，使纷繁世界中不平凡的事件和人物在历史上留下了自己的位置；优秀新闻记者，也因为推动时代发展和社会进步的独特贡献，为后人永远铭记心间。

纵观近现代新闻史，特别是中国共产党的新闻事业史，不难发现，孜孜以求奋斗在新闻战线，有志于使新闻工作留名青史的新闻工作者，都是有坚定信念、远大理想的人，他们不但胸怀大志，而且不断追求创新、不断超越自己，希望能对国家、对社会作出积极的贡献。邵飘萍、蔡和森、范长江、邓拓、穆青……莫不如此。

邵飘萍，被毛泽东称之为“一个具有热烈理想和优秀品质的人”，是五四运动的实际发起人，中国传播马列主义、介绍俄国十月革命的先驱者之一，更是中国新闻理论的开拓者和奠基人。“新闻救国”是他一生追求的理想。他立志献身新闻事业，依靠报纸舆论干预政局，改变祖国悲惨的命运。短暂的40年人生路上，他无论做记者、做新闻讲师，还是自己办报、办通讯社，都秉持高贵的独立人格。1918年，邵飘萍投资创办了著名的《京报》，创刊伊始，他特意写了“铁肩辣手”四个大字挂在编辑室墙上，以自勉和激励同事。《京报》以“探求事实不欺阅者”为第一信条，凡事必力求实际真相。1925年底，邵飘萍因在《京报》上历数张作霖的恶迹，被其以“勾结赤俄，宣传赤化”的罪名杀害。今天，邵飘萍已经长逝八十多年，但只要提起“铁肩辣手，快笔如刀”“飘萍一支笔，抵过千万军”，谁都不会忘记他的名字。

创办中共第一份机关刊物《向导》周报的蔡和森，既是中国共产党早期领导人，也是建党初期著名的革命宣传家。早在1918年6月，他就给毛泽东写信表示想要从事报业活动。1922年，党决定创办《向导》周报，时间紧，环境恶劣，工作很不容易开展。从组稿、发排、校对，到联系印刷，他都亲自过问。正是凭着这种忘我工作的精神状态，《向导》周报一问世就以崭新的面貌出现在20世纪20年代的思想舆论界。在蔡和森担任主编的两年零八个月时间里，共编辑了116期《向导》，超过《向导》总数201期的一半。他长期夜以继日地带病坚持工作，健康状况每况愈下，甚至在哮喘病发作时，也从未停止工作。蔡和森还是一个高产作家，从《向导》创刊到1925年10月赴莫斯科工作前，他撰写、发表了大量阐述党的路线、倡导工农运动、传播马克思主义的文章，极大地鼓舞了民众的革命信心。蔡和森在《向导》共发表了156篇文章。他把自己的革命理论与理想融入到一篇篇文章中，传播革命真理。

能够让新闻工作彪炳青史的人，还是对自己有不同一般要求的人。他们用高标准严格要求自己，具备高于常人的道德和职业操守，因此站得更高，做得更好，事业更加辉煌。

因写下《中国的西北角》《塞上行》，采访报道西北、报道红军、报道中国革命的希望而名满天下的范长江，认为“应把最平凡的人格问题，看作是最根本的第一信条，有了健全高尚的人格，才可以配做新闻记者”。他在这里所说的人格，也就是要有理想，有操守，服从真理，不做低级趣味的人。范长江最鄙弃的是国民党报纸中有些记者以版面谋私、敲诈勒索之类没有人格的

丑行。范长江认为，记者一定要敢于说真话，道实情，无私无畏。20 世纪 30 年代，他就勇敢地说出了大实话，作为国内记者，他第一个冲破国民党的新闻封锁，报道了中国工农红军长征的消息，极大地鼓舞了全国人民。这样做，在当时是需要很大的政治勇气的。

作为中国社会主义新闻学的重要代表人物和成功实践者，穆青的地位毋庸置疑。新中国成立以来，穆青的多篇报道都成为中国新闻界“笔墨当随时代”的范文。这其中，《县委书记的榜样——焦裕禄》（与冯健、周原合作）令他声名远播，继之，铁人王进喜、植棉模范吴吉昌、绿化荒沙的“老坚决”潘从正、红旗渠特等劳模任羊成……当一个个洋溢着英雄气概的人物被社会广为传扬时，人们也记住了记者穆青的名字。穆青为什么能被世人记住？人民日报原总编辑范敬宜说：“穆青把根扎在最厚的土层里，所以他有最肥沃的养分，他的作品也能代表最大多数的人，他能用最底层的事感动最高层的人。他有我们许多记者都不曾享受到的幸福。”勿忘人民——这是穆青长期奉行的座右铭，是他几十年新闻实践的宝贵结晶。也正因此，穆青和他笔下的人物，有着近乎生死之交的情谊，吴吉昌的一尊塑像每日与他相伴，“老坚决”的孙子常来看望爷爷的好朋友，焦裕禄的儿子每来北京必登门……而他自己六访兰考、七下扶沟、八进辉县、四访宁陵、两上红旗渠等故事也为新闻人广为传诵。

新中国培养出来的第一代优秀记者郭超人，在 27 年一线记者生涯里曾写过许多脍炙人口的作品，《登上地球之巅》被编入人教版七年级下册语文教材，《历史的审判》则记录了“四人帮”一伙

《中国红色记者》封面

被押上历史审判台的庄严一幕。郭超人一生为人、行文低调谨慎、坚持原则，把深入调查作为写好稿件的重要前提。那么多人写攀登珠峰的中国登山队员，为什么只有他一举成名？因为26岁的郭超人克服了常人难以想象的困难，随着登山队员一起攀爬，他是唯一一名攀至海拔6600米高度——被称为“珠穆朗玛峰的大门”的北坳冰墙之下的记者。他坚信，只有深入现场，才能写出有感染力的报道。

……

这样的例子还有很多很多。前辈记者鞠躬尽瘁，不计名利，不求闻达，全心全意为人民服务，为党和国家的新闻事业竭诚奉献，使新闻工作留名青史。而能够使新闻工作留名青史的，一定是十分优秀的新闻工作者。

成为优秀的新闻工作者，首先必须有坚定的理想信念，热爱自

己的祖国和人民。崇高的理想和坚定的信念，可以使人变得勇敢坚强，克服一切困难，不懈努力奋斗。无论是邵飘萍、恽代英、蔡和森，还是穆青、范敬宜、郭超人，这些著名新闻记者，才华横溢，各有千秋，但在一点上是共通的，那就是他们有着崇高的理想和坚定的信念，他们把“为人民代言，为时代立言，为历史留言”时刻铭记在心。他们“热爱人民，真诚地为人民服务，鞠躬尽瘁，死而后已”（毛泽东语），他们的生活和生命，“就是完全大公无我的对社会服务的精神组成的”（邹韬奋语）。超越小我，成就大我，将个人的“小责”，升华为对国家、对民族、对历史的“大责”，这应该是他们留名青史的根本所在、关键所在。今天，我们不必再像老一辈新闻工作者那样经常面临生死考验，但新闻记者面临的诱惑仍然很多，作为一个有良知的记者，一个立志守望国家和社会的记者，坚定的理想信念必不可少——永远把祖国和人民放在心中。

成为优秀的新闻工作者，还必须有崇高的新闻职业操守和追求真理的精神，善于深入采访、深度思考，坚守新闻真实。为了写出一篇有分量的稿件，老一辈新闻记者可以奔波数月，行程千里，采访数百人，潜心思考问题，精心凝练思想，最终留下一篇篇至今仍为人们传诵的名篇佳作，可以说，每篇名作背后都浸透了心血和汗水。今天，采访写作环境已发生了很大变化，开放的互联网使新闻素材更加丰富，也为新闻记者的采访写作提供了很大的便利，但是到现场探求真相的精神仍然不可或缺。泡在会上、盯着网上要新闻，是出不了名记者的。当代新闻记者要想写出人民群众喜闻乐见甚至传之久远的报道，就必须认真落实“三贴近”要求，深入到改

革开放和现代化建设的伟大实践中，深入到丰富多彩的现实生活中，深入到人民群众中“挖新闻”，切实把前辈们“用脚板跑新闻”的优良作风发扬光大。

成为优秀的新闻工作者，还必须有宽广的视野和深厚的学养。新闻记者不是“万金油”，“万金油”记者不可能写出让时代记住的作品。党的新闻事业史上，很多前辈把“活到老学到老”作为自己的人生信条，终其一生，不断学习。正是他们广阔的视野、丰富的学识以及优美的文字，使得新闻作品充满了深厚的情感，闪烁着智慧的光芒，留存于新闻史册。当代新闻记者，面临着新的机遇、压力和挑战，更要努力适应舆论引导工作的新形势新要求，不懈奋斗，打好理论路线根底、政策法律纪律根底、群众观点根底、知识根底和新闻业务根底，切实提高自身素质。唯其如此，写出的新闻作品才能更加具有吸引力和感染力，才能在更长远的未来，镌刻在中国新闻事业史上。

今天是6月6日，再过二十几天，就是伟大的中国共产党成立90周年纪念日。回首党的新闻事业史，优秀的新闻前辈留下无数新闻名篇，积累了诸多做好新闻工作的宝贵经验。长江后浪推前浪。期盼和祝愿新一代新闻工作者，更加奋发有为、锐意进取，推动党和国家的新闻事业取得更大进步，为我们这个伟大的时代，为伟大的中华民族，留下更多精彩篇章。

（原载人民网2011年6月6日）

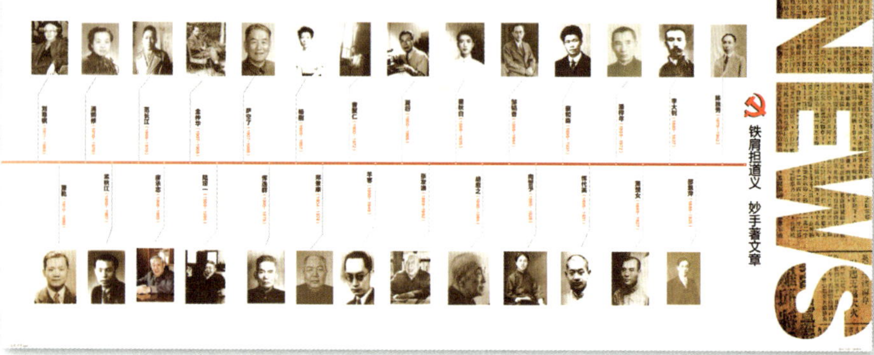
NEWS
铁肩担道义 妙手著文章

NEWS
铁肩担道义 妙手著文章